プライベートジェットCAの品格と教養のまとい方

心を磨くおもてなしLesson

山崎充子

同文舘出版

はじめに

歳を重ねるほど、外見以上に求められるものがあります。

それが「品格」と「教養」です。内面から滲み出る美しさや魅力がその人の人柄を表わし、まとう品格こそがその人を際立たせるのです。


では、どうすれば「品格」をまとうことができるのでしょうか。

どうしたら「教養」を感じていただけるのでしょうか。

残念ながら、テーブルマナーを習得しただけでは身につきませんし、「よし、品格と教養を手に入れる！」と決意しても、すぐに得られるものではありません。

「品格」と「教養」は積み重ねによってのみ形づくられるもの。人生のなかで最も本質的なテーマかもしれません。

私自身、18年間のプライベートジェットCAとしてのキャリアを通じ、今も学び続けています。

初めまして。本書を手に取っていただきありがとうございます。山崎充子と申します。

今から18年前に、私はプライベートジェット業界に飛び込みました。JALのファーストクラスのサービス中に、当時プライベートジェット事業を行なっていた会社のかたからお声をかけていただいたことがきっかけです。

当時、プライベートジェット後進国だった日本では、私のまわりにプライベートジェットCAの先輩はいらっしゃいませんでした。しかし、先輩がひとりもいなかったからこそ、世界中のプライベートジェットCAのかたたちとフライトをするという素晴らしい機会に恵まれ、世界基準のサービスや振る舞いなど、本当にさまざまなことを学ぶことができました。

そして、世界中のVVIP（Very Very Important Person）の方々と接するなかで気づかされたのは、「品格」とは自分自身を客観的に見つめ、冷静かつ自信を持って行動する力であり、「教養」とは幅広い知識と深い洞察力を、決断するときに反映させる力だということです。

そして品格の裏にあるものは「自信」であると感じています。

では、あなたはどうでしょうか。


なぜあなたは「品格」をまといたいと思うのでしょうか。

あなたにとっての「教養」とは、どのようなものでしょうか。

こうしたことを深く考えることこそが、あなたが次のステージへと進むための鍵となります。


プライベートジェットＣＡとお伝えすると、「すごい！」とおっしゃっていただくことが多いのですが、もしすごいのだとすれば、それはお客さまであって私ではない、ということを常に肝に銘じています。ここをはき違えてしまい「私はすごい」と少しでも思うようになってしまったら、その時点で、ＣＡ失格ではないかと思っています。

最新鋭のプライベートジェット機、ガルフストリームＧ８００は、現時点

（2024年1月）で75・5ミリオンUS$、日本円に換算すると100億円をゆうに超えます。しかもどんどんその価格は上昇しているようです。

そのような価格の飛行機を購入されたりチャーターなさったりする方々、言ってみれば雲の上の存在の方々と、どのようなお話をしたらいいのか、どのように接したらいいのか、最初はそんなことばかり考えては「私に務まるかしら」と悩み、自信をなくしていました。

しかし、そんな心配は杞憂に終わります。大切なのは今までと変わらず「お客さまに笑顔になっていただきたい」、この一心で接することでした。

パフォーマンスではなく、どうすることがお客さまにとってベストなのかを探求する、お客さまが心地よいと感じる距離感を保つ、よく耳を傾け何気なくお客さまが口にしたことを覚えておく、事前準備の段階から常に完璧を目指す、そしてお客さまを特別扱いしない……そうした気持ちはお客さまに確実に届きます。

実際にお客さまは、機内ではどなたもとても気さくに私に対して常に敬意を持って接してくださいますし、多くの学びや気づきも与えてくださいます。そのような環境に身を置けていることには感謝しかありません。

本書は、私がプライベートジェットのCAとして、18年かけて築き上げてきた「品格」と「教養」を、あなたが身につけられるヒントとして書きました。

本書を読むことで、あなた自身の「品格」と「教養」とは何かが明確になり、日常生活でどのように発揮できるかを学んでいただけます。

これまでいろいろな国の文化を目の当たりにし、多くの異なる価値観と接してきました。どの国でも共通して尊重されるもの、それが「品格」と「教養」です。大人の女性にとって「品格」と「教養」が必要なのは、第一にまわりのかたたちから信頼されるためであり、また「品格」と「教養」が備わっている人は尊敬されます。そして尊敬されることで、自分の意見や考えがまわりに影響を与えやすくなり、リーダーシップを発揮する場面でも輝けるようになります。

そして、忘れないでください。「品格」と「教養」をまとうために必要なのは、高級なブランド品を持つことではなく、日々のなかでのちょっとした心配りや気配り、そして立ち居振る舞いの美しさなのです。これらがあなたをワンランク上の存在へと導いてくれます。

本書があなたにとっての新しい気づきとなり、これからの人生のヒントになる。そうなることを願っています。

はじめに

序章 プライベートジェットの世界へようこそ

第1章 プライベートジェットCA流 おもてなし術

第2章 プライベートジェットCA流 究極の仕事術

第5章 プライベートジェットCA流　護身術

第6章 プライベートジェットCA流　学ぶ技術

第7章 最高の私へ——今日からできる小さな習慣

終章 「ありがとう」を超える

カバー・本文デザイン●ホリウチミホ（ニクスインク）
本文DTP●株式会社RUHIA

序章

プライベートジェットの世界へようこそ

1

「プライベートジェット」とはどんな飛行機？

「プライベートジェット」、または「ビジネスジェット」という言葉を耳にしたことはありますか？

ハリウッドスターやスポーツ選手が来日する際に利用することもあるので、ニュースなどで聞いたことがあるかたも多いかもしれませんね。

エアラインとの大きな違いは、定期運航便ではないので、渡航先・離発着する空港・出発時刻・機内食、さらに言えば、乗務員までもお客さまが自由に決められる点です。

そのような世界で私が主に乗務している飛行機は、アメリカのビジネスジェット機メーカー、ガルフストリーム・エアロスペース社（Gulfstream Aerospace）のＧ６５０ＥＲです。この業界に入ったときから一番長く乗務しており、どの飛行機よりも美しいと感じている大好きな飛行機です。
そして、プライベートジェットの世界も例外ではなく、世界最速、最高巡航高度、最長航続距離を目指し、常に限界を押し広げようと新しいジェット機がお披露目されています。

ガルフストリーム社のライバルであるカナダのボンバルディア社（Bombardier）のグローバル７５００は、アメリカ東海岸から東京までをノンストップで飛ぶことができます。私も乗務したことがありますが、とにかく客室が広い！　この点はグローバル７５００に軍配が上がります。

このように、ひと言でプライベートジェットと言っても、私が乗務している飛行機のように日本から海外までノンストップで飛べる大型のプライベートジェットもあれば、日本国内のみを飛行するＣＡ（客室乗務員）が乗務しない（乗務できない）小型プライベートジェットまで、さまざまな種類があります。

さらに、購入したジェット機は、機内のインテリア、客席数やベッドの数などもオーナーが自由にデザインすることができます（もちろん制限内です）。コックピットやＧＬＹ（ギャレー。主にＣＡが働くキッチンのような場所）も例外ではなく、オーナーによってはCrew（乗組員）のリクエストも聞いてくださいます。

以前、私が「ＧＬＹに標準設備のコーヒーメーカーは必要ないけれど、ミルクフォーマー付きのエスプレッソマシンは絶対に入れてください」とお伝えしたところ、要望を聞いてくださったことがありました。もちろん、これは私の好みの問題ではなく、よりお客さまに機内で快適にお過ごしいただくためのツールとしてのリクエストです（特にヨーロッパのお客さまは、ネスプレッソカプセルの種類もご指定になることが多いのです）。

そんなプライベートジェットの世界を、ご案内したいと思います。

2

ＪＡＬからプライベートジェット業界へ

「プライベートジェットのＣＡになるには、どうしたらいいのでしょうか」

よくいただくご質問です。

私は18年前に、ＪＡＬでファーストクラスのサービスをしているときにお声をかけていただき転職したのですが、プライベートジェットの業界らしく十人十色の背景があるようです。

自分からプライベートジェットを運航している会社にアプローチしたかたもいらっしゃれば、ＣＡの募集があり面接試験を経て就職したかた、紹介で就いたかた、本当にさまざまです。

業界が狭いだけに募集がかかることは少ないため、私がＣＡ希望者にどんなときでも変わらずアドバイスしていることがあります。

「いつ募集があってもいいように、自分磨きを怠らないこと」

募集があってから急いで取り繕っても遅いのです。

「今、準備できることに全力を尽くす」。これは、どんな仕事・どんなシーンにも当てはまることではないでしょうか。

また、プライベートジェット業界は航空業界としては珍しく、いわゆるフリーランスとしてフライトをすることができます。私も現在、どこにも所属せず、日本国内では初のフリーランスのプライベートジェットCAとしてフライトをしています。

お客さま、ブローカー（仲介会社）のかた、そしてパイロット。いろいろなかたがお声をかけてくださり、乗務できています。

あなたのことを見ているのはお客さまだけではありません。この仕事に携わるすべてのかたがいろいろな角度からご覧になっています。例えば、お客さまにだけ丁寧に接し、フライトを陰で支えてくださる会社のかたには横柄に接する。そんな姿は誰かが確実に見ているのです。そして、その姿・印象は何年経っても頭の片隅に「記憶」として残ります。「悪い印象」も「よい印象」もです。

だからこそ私は、**どなたに対しても平等に、そして常に100%のパフォーマンスを発揮することを心がけています。**この思いはプライベートジェット業界に入ってからより強くなったように思います。JALに勤めていたときは、ひとつの飛行機にCAが何人も乗務していましたが、プライベートジェットでは基本的に自分ひとりです。私のパフォーマンスが、お客さま、そして一緒に働いているCrew、フライトを支えてくださるかたすべてに影響を与えてしまいます。

そう考えたのなら、手を抜いている時間はありませんよね。

Life Lessons

常に自分磨きを怠らない。誰に対しても平等に接する

3

エアラインとはあまりにも違う世界

「次からはもう来ないで」

フライト中にお客さまに言われた言葉です。エアラインとプライベートジェットの大きな違いのひとつ。それはお客さまがCrewを指名することもできる反面、変えること（つまり、クビにすること）もできるところです。

私自身、残念ながらどちらも経験がありますし、クビになってしまったCAの代わりに飛んだことも数えきれません。そしてこれはCAに対してだけではなく、パイロットも同じです。

それほどお客さまはシビアです。

まだ駆け出しだった私は、何をしでかしてしまったのでしょうか。

それは……、機内でお出しする会席料理の椀物をサービスする際、「お椀」自体を温めるのを失念してしまい、冷たいお椀に温かい汁と具を注いでお出ししてしまったことでした。

もちろん、これだけが原因でお客さまが「もう来ないで」とおっしゃったわけではありません。当日の朝、出発時刻直前にロシアの上空通過許可が取り消されてしまい、フライトの出発が大幅に遅れてしまっていたのです。

それも何時間もです。日本とロシアの間には6時間の時差がありますので、ロシア側が開くまで待機しなくてはいけない。そのような状況ではお客さまもハッピーでいらっしゃれるわけがありませんよね。やっと許可が下り、離陸して「さあ、楽しいお食事の時間」というタイミングで、私が先ほどのミスを犯してしまったのです。

実は、お出しするときに「お椀が少し冷たいかも」と思いました。それにもかかわらず、**「大丈夫だろう」と温め直す時間を惜しんでしまった**のです。

普段は絶対にしないミスです。出発が大幅に遅れ、お客さまはイライラ、そしてお腹も空いていらっしゃる。「急がなくては」と焦ってしまった末の行動でした。

熱いお湯を注いでお椀を温めるのに5分もかかりません。「あれ？」と違和感を持ったときにつくり直せばよかったのです。そのときの私は作業を優先してしまい、その結果、お客さまにお叱りを受けました。

本来ならば、出発前に「アンハッピー」でいらしたお客さまを、機内で「ハッピー」にして差し上げるのが私の仕事です。それにもかかわらず、追いうちをかけるようなことをしてしまったことを猛省しました。

幸いにもフライトが進むにつれ、お客さまの気持ちも落ち着かれ、お話もできるようになり、帰便もご一緒することができましたが、私にとっては忘れられないフライトとなりました。

Life Lessons

違和感を持ったら、自分が納得するまで突き詰める

4

初のソロフライトは緊張の代打指名

「代わりに飛んでもらえますか？」

プライベートジェット業界に転職して1ヶ月弱。まだ一度しかフライトをしていない私に白羽の矢が立ちます。

海外からいらしていたお客さまのCAが降ろされてしまい、急遽日本でCAを探すことになったのです。

プライベートジェットをハンドリングする会社からオファーがあり、上司に「君ならできる」と背中を押していただき、初のソロフライトを決めました。このときの緊張感は今でも鮮明に覚えています。

初めての飛行機。初めましてのCrew。そして出発準備がすべて整った後に出発日が変更になるなどの、度重なるスケジュールチェンジ。これぞ「プライベートジェットの世界」という洗礼を受けました。

何より一番気になる「往路のCAが降ろされてしまった理由」が不明なままでした。

そして何度目かの出発に向け、機内に機内食を搭載していたときのことです。「原因、わかりました！　もしかしたらケータリング（機内食）が原因かもしれません」とハンドリング会社のかたから伝え聞きます。

「え……！　今、私が積み込んでいるものが原因で降ろされてしまったかもしれないの⁉」

このときの衝撃といったらありません。と言うのも、私がアテンドすることになったフライトの機内食も、当初のCAのかたがオーダーしてくださっていたものだったのです。

「機内食がNGで降ろされてしまったのなら、同じかたがオーダーした機内食をそのままサービスしたら、二の舞になってしまわないか？」という不安が、頭のなかを駆け巡ります。

話し合いの結果、出発まで時間がないこともあり、用意してくださっていたものをそのまま搭載し、お客さまをお迎えすることにしました。


航行中、「何かつまむものを」とオーダーされ、「シュリンプカクテル」をサービスします。すると、「シュリンプカクテルだって⁉」と漏れ聞こえてきました(今思えば、緊張と不安でそのようなニュアンスに聞こえたのかもしれません)。

そのときの私は「え、シュリンプカクテルが原因だったのかしら? それとも私の盛り付けの仕方がよくなかったのかしら?」とＧＬＹでひとり、不安で悲しくなったことを覚えています。

お店のようなシュリンプカクテル用の器もなく、知恵を絞って機内にある器に盛り付けてお出ししたシュリンプカクテルでした。


最終的には「次の便も一緒にフライトしてくれる?」とおっしゃってくださったほど、お客さまはハッピーに飛行機をあとにしてくださいました。

フライト後の振り返りで、お客さまとの会話で、つい「初めてのソロフライトだった」という話をしてしまったことを上司に報告したところ、それはお伝えすべきではなかったとご指導をいただきました。

初めてであることはお客さまに関係ありません。初めてだからといって何かが行き届かなくて許されるわけもありません。お客さまにとっては毎回毎回がたった一度のフライト。同じフライトは二度とありません。その一端を担う人であることを自覚することがいかに大切かをこのフライトを通し学びました。

Life Lessons

不安を感じないほど学ぶこと

5

ドバイで出国できないピンチを乗り越えた話

「別室へどうぞ」

アラブ首長国連邦（ＵＡＥ）のドバイから、ひとりで出国しようとしたところ、パスポートに不備があったため出国審査に引っかかり、人生初の空港の別室に連れていかれてしまいました。

プライベートジェットのＣＡは、フライトにアテンドする前後にひとりでエアラインを使って移動することがあります。

このとき私たちCrewは、サウジアラビア経由でドバイに入国したのですが、ＵＡＥの入国時はCrewとしてＧＤ（General Declarationの略。飛行機を運航する上でなくてはならないもので、「出航許可証」とも呼ばれます。ＧＤにはフライトにおいて必要な情報、例えば航空会社名、便名、日付、飛行機の登録番号、出発地、到着地などが記載されていて、その便に乗務するＣＡやパイロットの名前も書かれています）で入国したため、パスポートにＵＡＥ入国のスタンプがなかったのです。

これが別室に連れていかれてしまったトラブルの原因でした。

ちなみにCrewは私を含め４名いたのですが、皆それぞれ行き先が違ったため、飛行機のなかで解散しています。

そのようなわけで私はひとり、空港の別室で入国係官に「ＧＤで入国したのならば、そのＧＤが必要であるため、ここに持ってくるように」と粛々と指示をされたのでした。

私が、①ＧＤはＦＢＯ（Fixed Base Operatorの略。プライベートジェット専用の地上運航・支援事業者。海外では独自に空港内に施設を持っていることが多い）より機内に残置するよう指示されていたこと、②ＧＤを取りに行きたくてもその飛行機には鍵がかかっていて、その鍵はパイロットしか持っていないこと。パイロットには電話をしてみたけれど、ドバイでトレーニングを受けていて電話が通じないこと。これらを半泣きで説明しても、「そうか、それなら仕方がないね」

と、大目に見てもらえるなんてことはもちろんありません。

日本のスタッフに電話をしようにも夜中の3時です。ドバイのFBOに電話をし、彼らからスイスにある運航会社に連絡していただき、再度GDをFAXでFBOに送ってもらい、さらにそれを私にメールで送ってもらい、プリントアウトをして手渡すことで、やっと出国できたのでした。

自分の力で物事を解決する対応力の必要性を強く感じた出来事のひとつです。

そして今でも「トープ＋シュマーグ＋イガール」のイスラム圏の民族衣装の男性を見ると、半泣きになった記憶が蘇ってくるのです。

Life Lessons

何ができて何ができないのか、常に考えて行動すること

6

まるでスパイ映画のようなパスポート

「ここに押していただけますか？」

エアラインのCrewは、乗務で出入国するときには世界中のどの国でも、前項でご紹介したGDにチェックを入れることで出入国手続きが済みます。

しかし、プライベートジェットのCrewは基本的に、日本以外の国に入国する際にはパスポートを使います。つまり、パスポートにスタンプを押していただけるのです。私の場合、珍しい国や都市に行くと、スタンプを押す必要がないときでも「スタンプを押してください♪」とお願いすることも。

係官のかたは「必要ないよ」と最初はおっしゃいます。すると、必ずパイロットが助け舟を出してくれます。「Mitsukoは行ったことのない国に入国するときにはスタンプを押してもらうのが好きなんだ。もしよかったら押してあげてくれないか」と。

その魔法の言葉のおかげでしょうか。今までスタンプを押してくれなかった国や都市はありません。皆さま笑顔で押してくださいます。

さて、入国係官のかたはパスポートをパラパラっとめくって、何もない新しいページの真ん中にポンッと押すことが多いと思いませんか？

このままではどんどんページが減ってしまうと思った私は、押していただきたいページに付箋をつけて渡すように工夫してみました。

「ここに押してください」というリクエストには耳を貸してくださいませんが、付箋がついていると自然とそこに誘導され、そのページに押してくださるかたがほとんどです。おおむね「これはいいアイデアね」と好評です。

そんな私の10年有効のパスポートは、ページが足りなくなり40ページ追加しましたが、9年でいっぱいになってしまい、更新しました。これにはパスポートセンターの職員のかたも「かなりレアなケースですね」と驚かれました（現在はパスポートの増補制度は廃止になっています）。有効なＵＳ ＶＩＳＡ（査証）が期限の切れたパスポートに残っていたときは、必ず古いパスポートと新しいパスポートの2冊を持ち歩いていました。

スタンプもそうですが、VISAの数が多いのもページが埋まる原因のひとつです。エアラインのCrewと違い、VISAも自分で申請し取得しなければなりません。国によっては申請の際に「パスポートの空欄が最低○ページあること」などの条件があります。この残ページ数の制限が結構厄介だったりします。

また、VISAを申請する際にはパスポートが手元からなくなってしまうため、フライトができなくなってしまいます。申請するタイミングを間違えてしまうとフライトに穴を開けてしまうことになってしまいますので、何日間で取得できるのかなど、きちんとスケジューリングするのも大切な仕事です。

Life Lessons

相手の立場に立って、創意工夫を凝らしてリクエストする

7

世界一出入国審査が厳しい国

「この国に入国した理由は？」

入国審査のとき、パスポートに押してあるスタンプをすべてチェックされ、そのなかの国に行った理由を聞かれるなんてことは、あまりありませんよね？

しかし聞かれる国があります。50近い国に入国した経験のある私が、一番厳しかったと感じた国、それはイスラエルです。

1ページ1ページ丁寧に入国記録をチェックし、「この国に行った理由は？」と聞かれます。

私の答えはすべて「フライトの乗務員として」でしたが、3カ国ぐらい確認されました。

そして無事入国許可が下りると、イスラエルは私の好きな出入国スタンプは押してくれません。その代わりに入国カードが手渡されます。

イスラエルの出入国スタンプが押されてしまうと、入国拒否されてしまう国もあるため、アメリカ人のパイロットはイスラエルのような特殊な国に入国するときに備えて、パスポートを2冊持っているほどです。

にもかかわらず、知識のなかった私は「イスラエルなんてもう二度と来られないかもしれない」と思い、ウキウキして入国カードをパスポートに貼り付けてしまったのです！　そしてそのことをパイロットに伝えると、「なんてことを！すぐにはがして！　行けなくなる国が出てきちゃうよ！」と言われるではないですか！

幸いにも無事にきれいにはがすことができ、ことなきを得ました。

知識がないことほど怖いことはありませんね。何年も経った今でも、私の大失敗エピソードとして語られます。

Life Lessons

短絡的に考えず理由を見極める力を養うこと

8

プライベートジェットCAの休憩事情

エアラインの国際線の機内には、パイロットやCAが横になって休めるスペースがあるのをご存じですか？　特に長距離路線ですと「何時から何時まで」と明確にカラダを休められる時間もあります。今振り返ると、なんとありがたいことだったのでしょう。

しかし、プライベートジェットの場合、GLYエリアにCrew rest area（乗務員の休憩スペース）が一カ所あるだけです。しかも基本的にベッドではなく客室と同じ座席がひとつだけ。そしてその場所はロングフライトでパイロットが3名いるときの彼らのための休憩場所です（離発着時以外、交代で常に1名はCrew rest areaで休んでいます）。

つまりCAの私が休む場所はないのです！　全員のお客さまがお休みになり、

ＧＬＹの片付けが終わるとジャンプシート（補助座席）に座らせてもらいます。

しかしジャンプシートはコックピットの真後ろにあるため、ひと眠りしたいと思っても朝日が正面から昇ってきたり、逆にちょっと作業をしたいと思っても真っ暗闇だったりと、なかなか思うようにいきません。

また、パイロット３名、ＣＡ２名体制ともなると、ひとりはトイレに座って休憩することもあります（しかし、プライベートジェットのトイレはとても快適で、フタが座席と同じ革仕様になっていて座り心地は悪くありません）。

そしてパイロットが休憩しているときには邪魔をしないように、ＧＬＹでの作業の音にも細心の注意を払います。そうするとパイロットも行動で感謝の気持ちを表わしてくれます。

お客さまだけでなく、一緒に働いているパイロットに対しても笑顔と温かい態度で接することが、ひいては自分自身に返ってきます。

お食事のサービスの後は、ＧＬＹが使用したお皿やグラスで溢れ返ってしまいます。何年経ってもその様子を見るだけで毎回途方に暮れるのですが、放置しておいても誰も片付けてはくれませんので、気を取り直して片付けに取りかかります。そんなとき、偶然レストを終えたり、これからレストに入るパイロットが手伝ってくれることがあります。時間の短縮にもなりますし、お客さまに呼ばれたときにもすぐに対応できるので、大変助かります。また、パイロットはフライト前の機内準備なども、積極的に助けてくれます。

そんな優しく紳士的なパイロットが口を揃えて言ってくれることは、「Mitsukoだから手伝うよ。どんなときも笑顔で精一杯やっているし、お客さまにも最高のサービスをしているのがわかるから」。パイロットは外国のかたですので口に出してはっきり伝えてくださり、とてもうれしくなります。

私ひとりの力だけではお客さまに笑顔になっていただくことは難しいのです。そこには関わってくださる大勢の方々のサポートがあるのです。

Life Lessons

相手の態度は自分を映す鏡。いずれ自分に返ってくる

9

海苔が凍る⁈
プライベートジェットCAの知られざる仕事

フライトを終えた飛行機がどこで羽を休めているかご存じですか？　基本的にはエプロン（駐機場）内の決められたスポット（駐機する位置）で夜を明かします。突発的に整備作業が必要になった場合や台風の接近など天候上の問題がある場合などは、ハンガー（格納庫）に入れることもあります。

マイナス何十度といった寒冷地で屋外に駐機しておくことは、飛行機にとっても私たちCrewにとっても、できることならば避けたいことです。しかし、一番寒い時期のロシア・シベリアの最大都市ノヴォシビルスクにフライトした際には、駐機場に入れることができず、なんとマイナス30度にまで気温が下がる予報のなか、数日間、屋外に駐機しなくてはいけませんでした。

そして、そこにはエアラインでは発生しなかった、想定外の重労働が私たちを待ち受けていました。駐機中に液体類が凍結し破裂してしまうのを避けるため、機内にあるアルコール度数50度以下のすべてのビン・缶の飲料と調味料、アメニティ（化粧品）にいたるまでを段ボールに入れて取り降ろす作業のスタートです。パイロットももちろん協力してくれましたが、1時間ほどかかりました。

そして出発時には、すべてを定位置に戻す逆の作業が待っています。しかも早朝、私たちが飛行機に着いたときには機内はマイナス30度です。飛行機のパワーが入り、室内も暖まりはじめたころ、恐る恐るコンパートメントを開けていきます。すると、取り降ろし忘れていた調味料が割れてしまっています。海苔までもカチンコチンに凍っていたのです。悲しくなるくらいの重労働でしたが、やっておいてよかったと胸をなで下ろす瞬間でした。

Life Lessons

備えられることはすべて備えておくこと

10

機内食のハードな壁

飛行機に乗る楽しみのひとつと言えば、機内食ではありませんか?

JALからプライベートジェット業界に転職するときに、何度も確認されたことがあります。**「ケータリングが本当に大変だけど大丈夫?」**ということです。

エアラインでは、機内食を企画・開発する部門、調理する部門、搭載する部門、そしてサービスするCA、到着後には機内からカートなどを取り降ろす部門、食器などを洗う部門などがあるでしょう。しかし、プライベートジェットでは、これらすべてをフライトを担当するCAがひとりでこなします。

マニュアルも何もなかった18年前、すべてが手探りでした。特に海外から日本にお戻りになるフライトでは和食をリクエストされるお客さまが多く、フライト先が小さな都市であればあるほど、この傾向は強くなるように感じています。現地では食べられないから機内では和食を、と思われるお気持ちはわかりますが、かなり高いハードルであることはたしかです。

滞在日数が何日もあるからと、現地で和食レストランを探し駆けずりまわったスイス・ジュネーブ。やっと見つけたのは日本人がオーナーシェフのフュージョン料理（無国籍料理）のお店でした。当時はケータリングをお願いするときには、必ず一度はそのお店でお食事をいただいてからにしていました。しかし、そうすることで、時間がなくなり、このときはシェフも私たちもお客さまが満足するようなお食事をご用意することができませんでした。

「これからは出発前、日本にいるときにレストランを探すようにしよう」

そう決めて、シベリア鉄道が通るロシアの都市・イルクーツクにフライトしたとき、帰便のお食事に和食のリクエストがありました。宿泊する予定のホテルに日本から電話で問い合わせをしたところ、シェフが「つくれるよ。来てから打ち合わせをしよう」とおっしゃってくださいました。

「わあ、よかったわ」と何も疑わずフライトを終えホテルに着き、打ち合わせをはじめます。

すると、「何をつくればいいの？　レシピを渡してくれたらなんでもつくるよ」と言います。なんてことでしょう。確かに「つくれる」ことに違いはないのですが、私がイメージしていた「つくれる」とは違います。「和食の食材はありますか？」と伺うと、「いや、あるものでつくれるよ」とニコニコ。

あきらめた私は頭を切り替え、お客さまに謝罪・承諾をいただき、ロシア料理を帰便に搭載しました。お客さまはどんなにがっかりされたことでしょう。


「次からは、和食の場合は日本人シェフのお店にお願いしよう」


それからは、フライトのご予約が入った時点でインターネットを駆使してレストランのリサーチを開始するようにしました。メールを送ってもお返事をいただけないこともあれば、「料理長がご自分の手を離れたところでどのように盛り付けられるかわからないことを嫌うから」という和食ならではの理由でお断りされてしまったことも数知れません。

あるお店では、メールで打ち合わせの約束をして伺うと、「前もっておっしゃってくださっていましたら、ご用意できたかもしれないのですが、今からですと日本から食材が入るのがご出発後ですので、残念ながらご用意いたしかねます」とのこと。すぐに食材が手に入るわけではないけれど、前もってお伝えしていればご対応いただけるところも多そうです。

「次からはこちらの要望を先にレストランにお伝えし、出発前にメニューをご提案いただくこと」

また料理長が盛り付けを気にされるようであれば、機内から和食器を取り降ろし、レストランに持参して直接盛り付けていただくことにしました。

すると今度は、すべて完璧に盛り付けてくださいますので、機内で温めるときには、温めないほうがよいものは一つひとつ取り除いていかなくてはいけません（例えば、上にかかっている大葉の千切りなど）。せっかく盛り付けていただいた料理のこの時間のロスはどうにかなるはず。

「次からはソースやトッピングは、別のボックスに入れていただくように、具体的にお願いする」

このように毎フライト、すべての打ち合わせで学んだこと、気づいたことを必ず次のフライトで生かすようにしてきました。

今では臨機応変に、ホテルマネージャーや料理長、シェフと打ち合わせをし、お客さまにご満足いただける機内食をご用意することができるようになり、「まるでレストランのよう」「ファーストクラスよりおいしいね」とおっしゃっていただけるまでに成長しました。

とはいえ、18年経った今でもケータリングは最大の難所であり、やりがいのある仕事のひとつであることに変わりありありません。

Life Lessons

失敗してもいい。次にそれを生かせたなら、それは学び

11

「品格」の目指すべき行き先を決める

ここまで、プライベートジェットCAの仕事を垣間見ていただけたと思いますので、本章の最後に、本書のテーマのひとつである「品格」について、しっかりと考えてみたいと思います。

品格をまとうためには**自分自身の「品格の定義」を明確にする**ことが必要です。あなたが目指すべき「品格の姿」がはっきりしていないのに、どのようにしてゴールに向かうことができるでしょうか。

例えば、「旅行に行きたい」と思っても、行き先が決まっていなければどこにも行けません。大谷翔平選手を見にロサンゼルスに行きたいのか、それともエメラルドグリーンの海を見に沖縄に行きたいのか。行き先によって、それぞれ乗る飛行機や行き方は異なります。

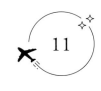

つまり「行き先＝目標」が決まっていないと、どの飛行機に乗ればいいのかわからないのです。

わからない・選べないということは、その目的地にたどり着けないということになってしまいます。羽田空港に着いたからといって、誰かが飛行機に乗せてくれるわけではありませんものね。

行き先が決まれば、それに合わせた飛行機を選ぶことができますが、目的地が定まらないままでは、その道筋さえ見つけられません。

実は、品格も同じです。

私が思う品格を感じる女性とは、

また会いたいと思う「素敵な笑顔」

また仕事がしたいと思う「感じのよさ」

あなたに任せたら安心だと思える「信頼感」

使う言葉や表情、所作の一つひとつにそうしたものが滲み出る女性です。

品格も、そして教養も日々の積み重ねのなかからしか身についていきません。小手先のテクニックではなく、相手を思う気持ち、「おもてなしの心」を積み重ねていくこと。それが「品のある女性」への第一歩なのです。

さらには、**品格があると人間関係もよくなります。**友人や仕事仲間と過ごすなかで、優しさや思いやりのある態度は、まわりのかたとの絆を深めることにつながるからです。

そしてもちろん、**品格と教養があると、自分自身が幸せになります。**大人の女性にとって品格は、信頼、尊敬、よい人間関係、そして自分の幸せにつながる重要な要素です。だからこそ、品格を大切にすることはとても大事なのです。

品格と教養があるかたは、どんな場所でも常にまわりのかたによい影響を与え、まわりの方々から自然と尊敬を集めます。それは、誰にも真似できない、**「あなただけの魅力」を引き出す最強の武器**になります。

私自身、品格と教養を意識していたことで、キャリアにおいて大きな転機が訪れました。それが18年前のことです。プライベートジェットCAにスカウトされた当時の私は、JALを辞めることなど考えたこともなく、定年まで勤め上げようと心に決めていたほどです。「プライベートジェット」のような世界があることさえも知りませんでした。

また、ちょうど昇格が決まったタイミングで、せっかく選んでいただいたのに申し訳ないという気持ちもあったので、胃潰瘍になるほど悩みました。

ですが、あのときに**決断し、新しい世界に飛び込んでよかった**と思っています。

プライベートジェット後進国の日本が成長していく姿を間近に見ることができました。私が業界に入った当時はマニュアルもなく、まわりに先輩もいなかったため、上司と共にCAの仕事のすべてを考え、体制も整えるという唯一無二の経験を積むこともできました。

本書に先輩から教わったことがひとつも出てこないのはそのためですが、私が学んだことは、そのすべてのノウハウを後輩たちに継承しています。

もし、JALのように偉大な先輩方が大勢いらっしゃるところに居続けたら、私自身ここまで成長することはできなかったでしょう。

そのような環境だったこともあり、大変ありがたいことに、プライベートジェットに携わる他の事業者や会社のかたからは、「今の日本のプライベートジェットCAの姿があるのは、山崎さんがいたからこそです」「先駆者です」「第一人者ですね」など、身に余るお言葉をちょうだいすることができています。

そしてお客さまからも、10年ぶりにフライトをするとなれば「CAは絶対に山崎さんにお願いしたい」とご指名していただけたり、「1年後のフライトに乗務してほしい」とご予約もいただけたりしています。これは毎フライト、お客さまに対して心からのおもてなしと信頼感を提供し続け、品格と教養を磨いてきた結果だと自負しています。今ではプライベートジェット業界で、日本を代表する存在のひとりとしてお客さまに信頼していただけるまでになりました。

ここにいたるまでにはキャリアチェンジもありました。当時チャーター便を運航していたエクセル航空で6年、その後日本人初のオーナー専属のCAとして6

年間従事し、現在は日本初のフリーランスのプライベートジェットCAとして活動しています。このような経験の積み重ねが、私の品格と教養を支えてきました。

現在の社会では、ほかのかたとの差別化を図ることが重要視されています。しかし**真の差別化とは、外見的な違い（サービスや商品）ではなく、内面に根ざした品格と教養にこそあります。**

もしあなたが「あなただからこそ、お願いしたい」と、誰かに選んでいただきたいのであれば、品格と教養をまとうことがいちばんの近道になるでしょう。

なぜなら、品格と教養とは誰にも真似のできない〝あなた自身〟を表現する力であり、あなたの魅力を最大限に引き出し、出会うすべてのかたの心に深く残る存在へと導いてくれるものだからです。

Life Lessons

私史上、最高の私になるために、品格と教養をまとう

第1章

プライベートジェットCA流おもてなし術

1

まずは、おもてなしをやめましょう

本項のタイトルをご覧になり、「え？　おもてなしを極めたいからこの本を手に取ったのに」と思われたかもしれませんね。そもそも「おもてなしの本質」とはどういったものでしょうか。順にお話ししていきましょう。

私が代表を務めます「国際Omotenashist®協会」では次のように定めています。

お客さまに笑顔になっていただくために
言葉にされないご要望を先読みし
状況や行間を汲み取り
お申し出がある前に
〝さりげなく〟

おこたえすること

決して「私、こんなにして差し上げているのよ。気づいてください」と見返りを求めるものではありません。おもてなしはあくまでも「さりげなさ」が大切です。絶対にアピールするものではありません。

そしておもてなしをするからといって、何かを犠牲にするものでもありません。

「お客さまに笑顔になっていただきたい」、そう思うからあなたが起こす行動です。**「お客さまがうれしいと私もうれしい」**、だから行動を起こします。このことを忘れてはいけません。

ではおもてなしはいつからはじまっているのでしょうか。プライベートジェットはエアラインと違い、ご搭乗になるお客さまお一人おひとりに合わせて一から準備をします。前章でご紹介したお食事もそうですし、茶菓やワイン、雑誌そして飛行機に飾るお花もまたしかり。四季を意識するのはもちろん、会社でお使いくださるお客さまにはコーポレートカラーを意識したアレンジを飾る、お子さまがご搭乗になる場合には年齢に合わせたプレゼントをご用意するなど、お会いするかたがどうしたら笑顔になってくださるかを考えて準備をします。

「前回お乗りになったかたはこれを喜んでくださったから、今回のお客さまにも同じものを準備しておこう」と短絡的には考えません。

そして常にお客さま目線で考えることが大切です。「私がこれをしたいからする」では、残念ながらお客さまに「おもてなしの心」は伝わりません。

おもてなしをした側のあなたがいくら「今日はよいおもてなしができた」と思っても、**受け手側であるお客さまが「素敵なおもてなしをしていただいた」と感じてくださらなければ、そこにおもてなしは存在しません。**

おもてなしをしようしようと思うと、空まわりしてしまったり、最終目的地が「おもてなしをすること」になってしまいがちです。あくまでも、最終目的地は

「お客さまに笑顔になっていただくこと」ですよね。

私は18年経った今でも、フライトを終えたあとにお客さまからお手紙やメールで「この度は心のこもったおもてなしをしていただきありがとうございました」とおしゃっていただいたときに初めて「ああ、今回もおもてなしができていたわ。おもてなしの心が伝わっていたわ」と胸をなでおろしています。

お客さまは一部の行動や場面をとって「おもてなし」を感じるのではなく、すべてをひっくるめて「おもてなし」を感じてくださいます。

そこにはあなたが使う言葉や態度、身のこなし、振る舞いも含まれています。あなたが醸し出す雰囲気も「おもてなし」のとても大切な要素のひとつなのです。

Beautiful Mind

おもてなしはあくまでも〝さりげなく〟

2

お客さまの「声にならない声」を聴く

お客さまは、思っていることやご要望のすべてを言葉にすることはありません。そして、お客さまが言葉にされることは、当たり前のことですがすでにお客さまが感じていることです。あなたがレストランで「お水をもう少し注いでほしい」と思い、スタッフのかたに「言葉にして」お願いして注いでいただく。これは当たり前の流れで、そこに感動は生まれません。

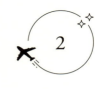

つまりお客さまがおっしゃった言葉通りのことをするだけでは、**「感謝」はしてくださっても、「感動」してくださることはまずありません。**マニュアル通りでは感動は生まれないのです。

また、「お客さまのワインがもう少しでなくなりそうだわ」と気づいただけで、「言われるまで待つ」。このように行動に移さないのでは意味がありません。「おもてなし」は、**お客さまに言われる前に気づいて行動に起こす**ことがポイントです。何も特別なことをする必要はありません。

例えば、機内でお酒を召し上がっているお客さまに「そろそろお水をお持ちしよう」と思いGLYで用意していると、コールボタンで呼ばれたので用意したお水をトレーにのせてドアを開けた次の瞬間、「すごい！　さすが山崎さん！　今、お水をくださいとお願いしようと思ってお呼びしたのです！」と感動してくださいました。

私がしたことは特別なことでしょうか。そんなことはありませんよね。お客さまが「ほしいと思うタイミング」で「言われる前」にお水をお持ちしただけのことです。言われる前に気づいて、タイミングよく行動に移したことでお客さまの感動につながりました。このように感動につながるのは、一つひとつはとても小さなアクションです。特別なことをする必要はないのです。大切なのはお客さまの「声にならない声」「聞こえない声」を聴くことです。

「お客さまのお酒がグラスに残り3センチになったらお水をお持ちする」「お客

さまが3口お飲みになったらお水をお持ちする」なんてマニュアル化できないですよね。お客さまはそれぞれお水がほしいタイミングも違いますし、飲むスピードも違います。また最初からお水がほしいかたもいらっしゃるでしょう。お客さまの好みは千差万別で、マニュアル化できるものではありません。

つまり、**おもてなしはマニュアル化されない、できないからこそ、あなたのおもてなしは誰にも真似されることがありません。**あなただけの唯一無二のものだからこそ、「○○さんがよい」というファン化につながります。

ちなみにエアラインには、いつご搭乗いただいても均一のサービスをご提供できるように細かく決められたサービスマニュアルがありますが、プライベートジェットにはありません。それは**マニュアル化しても意味がない**からです。

もちろんフライトの流れを把握するという意味で、チャーター便を運航している会社に在籍していたときにはマニュアルを作成したこともあります。しかし最終的にお客さまに感動していただけるかどうかは、そのフライト、そのお客さま、その日ごとに変わる状況に応じてそれぞれCAが、お客さまが発する言葉以外のこと、表情やイントネーション、間合い、目つき（目線）などの「声にならない声」をどれだけ汲み取り、サービスできるかにかかっているのです。マニュアル通りにきちんとすることではないのです。

あるアメリカ人のＣＡは、お食事のサービスができないショートフライトの際、ボーディング前にクッキーを焼いてクッキーが大好きなお客さまを甘い香りでお迎えし、ボーディング後にコーヒーと焼きたてのクッキーをサービスしていました。どれほどお客さまはハッピーだったことでしょう。

Beautiful Mind

マニュアルを超えた行動で感動していただく

3

一瞬で一番のチャンスを逃さないために

プライベートジェットのお客さまは、メールや電話に加え、実際に飛行機にお乗りになる前に「CAと会っておきたい」というかたが少なくありません。

ご挨拶に伺ったとき、相手のかたは私のどこを見ていらっしゃるのでしょうか。お会いするかたは、社長や会長などお客さまご本人、ご一緒する役員のかた、秘書のかたなど、お立場はそれぞれです。

本当にご挨拶をするだけのこともあれば、打ち合わせを兼ねてお会いすることもあります。

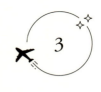

お会いしたかたが、「山崎さん、感じのいい人だな」と思ってくださる機会は、最初にお目にかかった〝瞬間〟にしかありません。

そしてその印象は時が経っても変わらず、また覆されることもほとんどありません。そんな最大のチャンスを逃してしまうことになったら、なんともったいないことでしょう。

しかもお客さまは、私が**「初めまして」と言葉を発する前に、表情や姿勢、立ち居振る舞い、身だしなみ、視線など、ありとあらゆる目からの情報を瞬時に受け止め、**第一印象を導き出しています。

万が一、ちょっとした声のトーンや視線の動かし方など、ほんの些細なことが原因で、「なんとなく」違和感や不快感を持たれてしまったとしたら、その「悪い」第一印象を挽回する機会は一生ありません。二度とチャンスは巡ってこないのです。なぜなら「第一印象」は一度しか残せませんものね。

「フライト当日までは初めてのチャーター機で不安でいっぱいでしたが、山崎さんとご挨拶し、素晴らしいお人柄に出会い、その不安も一掃され、安心して過ごすことができました」

このように、ご挨拶を交わしただけで「安心感」まで持ってくださるのです。

第一印象というのはものすごい情報量を含んでいるのですね。
だからこそ、私はすべてをかけていると言っても過言ではないほど、「第一印象」を大切にしています。凛とした印象、親しみやすい印象、かわいらしい印象、できる人という印象。どんな自分を表現したいのか、その部分を意識して「最高の私」をつくり上げてみてください。

Beautiful Mind

初対面は最高のあなたを魅せる〝最初で最後で最大〟のチャンス

そしてもうひとつ。最高の私を魅せるためには、「お会いする前から」意識すること。会った瞬間に笑顔になったのでは遅いのです。例えば、ドアを開けてから笑顔になるのではなく、「笑顔のままドアを開ける」。そしてそれよりもさらに大きな笑顔でお会いする。これができるようになったら最強です。

4

見られていることを意識するから惹かれる

ついつい、目の前にいらっしゃるかただけに意識を集中させてしまっていませんか？

もちろん、それもとても大切なことですが、そうするとつい目の前のかたがあなたを見ていないときや誰もいないと思ったときに安心してしまいがちです。**見られていないと安心してしまう**と、人はどうなるでしょうか。気を抜いて油断してしまいます。

目的地の空港に到着後、機内でお客さまが飛行機をお降りになる準備をしていたときのことです。ロングフライトを終えた疲れもあり、ほっとした気持ちもあったのでしょう。また、ほとんどのお客さまが下を向いて準備をしていたため、誰も見ていないと油断してしまったのでしょう。

後輩ＣＡの後ろから客室を見渡していた私は、後輩が「絶対に真顔で立っているに違いないわ」と思い、「笑顔でね」と声をかけたところ、「え？　なんでわかったのですか？」と驚かれました。

それほどまでに、後ろ姿でも、笑顔か真顔なのかは一目瞭然なのです。


だからこそ、目の前のかたが見ていなくても、常に「笑顔」を意識する、せめて口角は上げておく、**「常に見られている意識」**を持つことがとても大切です。

それは表情だけでなく、立ち居振る舞いもしかり。

あるブランド店にショッピングに行ったときのことです。私は店内のソファに座っていたこともあり、おそらく店員のかたの死角に入っていたのだと思います。

ある男性スタッフのかたがお話をしながら、開けたコンパートメントを脚で押し込んだのです（話し相手はお客さまではなくスタッフのかたです）。ですが押し込んだ瞬間にふと後ろを振り返り、私の存在に気づくと急いで腰を落とし、手で閉め直していらっしゃいました。ブランド店のスタッフのかたであっても油断することはあります。

ではそんな事態を避けるためにはどうしたらいいのでしょうか。

それは「常に見られている意識」プラス、**「お客さまはあなたの後ろにもいる」**と意識すること。つまり「背中にも目を持つ」ことです。たとえ壁に向いて何か作業をしていたとしても、お客さまを感じているようにする。**カラダ全体を使って「目に見えないものを見る力」**で、お客さまの気持ちや存在をキャッチすることが「お客さまの笑顔」につながります。

なぜって、「何かしてほしい」と思ったときに、言葉にしていないのに店員のかたが気づいてくれたらうれしくてファンになってしまいますものね。

Beautiful Mind

おもてなしに気を抜く時間はない

5

空気のわずかな振動をキャッチする

おもてなしにも第六感がとても役に立つ、と聞いたら驚きますか？

お客さまに笑顔になっていただくためには、**視覚、聴覚、触覚、味覚、嗅覚の五感、そして直感や何かを察知する感覚である第六感、**あなたが持っているもののすべてを総動員する必要があります。


例えば、聴覚。エアラインでは夜間、CBN（客室）のライトを消してお休みモードにしたとしても、CAが常に巡回しています。

しかし、プライベートジェットは大型機といっても、ガルフストリーム社のG650ERで最大19席です（オーナーによってインテリアが変わるため、座席数も変わります）。しかもGLYとCBNの間にはドアがあり、このドアの開閉時にはそれなりの音がしてしまいます。そのため私は、お客さまの就寝中はなるべく開け閉めしないようにし、ＣＢＮの巡回もしません。

ではお客さまがお休みになったら放置してしまうのでしょうか。もちろん、そんなことはありません。そこで役立つのが聴覚です。

人は起きるとき必ずカラダを動かしますよね。しーんとしているなかでお客さまが動くと、それが空気の振動となり、「音」として私に伝わってくるのです。その振動をキャッチしたら、呼ばれたときにすぐに動けるように準備をします。

ジャンプシートで休んでいるとき、「あ、お目覚めになるわ」と感じ、私が準備をしていると、「ピンポーン」とお客さまからのコールボタンが鳴りますので、パイロットには「Mitsuko はどうして起きるのがわかるの？」と首を傾げられます。説明してもどうにも理解できないようで「第六感だね」と言われます。

「第六感」とは辞書によると、「基本的に、五感以外のもので五感を超えるものを指しており、理屈では説明しがたい、鋭くものごとの本質をつかむ心の働きのこと」とあります。確かにパイロットの捉え方も一理あるようです。

もちろん私も最初から「空気の振動」を感じられたわけではありません。最初のうちはうっかりジャンプシートで寝てしまい、恐る恐るＣＢＮを覗いてみるとお客さまは皆さまお目覚めで、クレデンザ（飾り棚）にセットしてあったスナック菓子を食べながら談笑していらっしゃった、なんていう失敗もしています。「空気の振動」も感じようと五感を研ぎ澄ますことで、必ず感じられるようになります。五感は鍛えることができるのです。

Beautiful Mind

第六感も大切にする

6

おしぼりひとつも感動のもと

「お客さまに感動をお届けしたい。でもそのためには何か特別なことをしないといけない」。そう思っていませんか？

確かに、言われたことを言われた通りにこなしているだけでは「感動」していただくことは難しいとお伝えしましたが、「特別」なことをする必要はありません。**ほんのちょっとした気遣いや工夫でもお客さまの心には必ず届きます。**

例えば、機内で「おしぼり」をお出ししただけで感動につながったこともあります。

今では香りのついた使い捨ての紙おしぼりを使うお店なども増えてきましたが、タオル製のおしぼりを使う場合、温かくしてお出しすることが多いと思います。

では、おしぼりは必ず温かくないといけないのでしょうか？

広いインドを1日で何都市か移動すると、出発地のデリーは寒かったのに次の目的地のボーパールは暑い、といったように気温が大きく変わることがあります。

そこで私は最初のフライトでは温かいおしぼりを、そして次のフライトでは冷たいおしぼりをお出ししました。するとお客さまは「行きは温かくて帰りは冷たいなんて素晴らしい！」と大変喜んでくださいました。

温かいおしぼりだけが正解ではありません、お客さまになったつもりで「どうだったらうれしいかな」と毎回考えることが大切です。


そしてもうひとつ大切なこと。それは「暑いから冷たいおしぼり。寒いときは温かいおしぼりがいいのね」と**安易に考えて行動しない**ことです。もしかしたらお客さまは飛行機にお乗りになる前に、エアコンのとても効いた車でずっと移動していらっしゃり、カラダが冷え切ってしまった状態でご搭乗になるかもしれません。そこに「冷たい」おしぼりをお出ししたらどうでしょうか。せっかく気を利かせてキンキンに冷やしたのに、「温かいほうがよかったな」と残念に思われてしまうかもしれません。では、どうしたら「お客さまが求めているおしぼり」を見極められるのでしょうか。

簡単です。ご搭乗時のお客さまのご様子を観察していればいいのです。外は暑いのに寒そうにしていらっしゃるかもしれませんし、「ボーパールは暑いね〜」とおっしゃるかもしれません。お客さまのご様子から簡単に判断することができてしまうのです。

さらにはおしぼりを出すタイミングに合わせて、忍ばせる香りも変えています。このちょっとした工夫も、小さなお子さまからご年配の方々、年齢や性別にかかわらず「いい香りですね」と、とても好評です。お客さまに笑顔になっていただくためには、ちょっとしたことにも手を抜きません。

Beautiful Mind

おもてなしは小さな工夫の積み重ね

7

お客さまに質問されたときに女神が微笑む

大西洋上空、パイロットに呼ばれコックピットに行くと、「左下に見えるのがグリーンランドだよ」と教えてくれました。タイミングを逃してしまうと見えなくなってしまうこともあるため、お食事の準備を中断し、お客さまに「左下にグリーンランドがご覧になれます。こんなにくっきりと見えるのはかなり珍しいようでございます」とご案内すると、皆さま喜んでくださいます。日本から飛行機で移動するとき、大西洋上空を飛ぶのはなかなか珍しいことなのです。

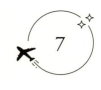

すると、「グリーンランドは氷と雪に覆われていて真っ白なのに、なんでグリーンランドっていうの？」と突然の質問が飛んできます。

「知識不足で申し訳ございません。パイロットに聞いて参ります」と、キャプテン（Pilot In Command）に質問すると、「アイスランドっていう名前だと魅力的じゃなくて誰も住んでくれないと考えたからだよ」と教えてくれました。さすがキャプテン、なんでも知っています。

質問にすぐに答えられないときに大切にしていることは、**①知らないことを隠さない、②曖昧な対応をしない、③「知りません」で済まさない、④解決方法をお伝えする、⑤返答までに時間がかかるようであれば、どれくらいかかるのかをお伝えする、**そして、**⑥調べたらプラスアルファの情報も加える、**ということです。

一方、「この飛行機の最大巡航高度はどれくらい？　今一番高く飛べる飛行機は？　一番速い飛行機は？　何時間くらい飛べるの？」など飛行機についてのご質問にスラスラとお答えできると「さすが違うね」と感心していただけます。

お客さまにご質問いただいたときはチャンス。意外性を演出できたのならお客さまの記憶にプラスの印象として強く残ります。

Beautiful Mind

プラスアルファの情報を意識する

8

「終わり」は「はじまり」

第一印象を意識しすぎるがあまり、お出迎えばかりに意識がいってしまっていませんか？

実は、最後のお見送りのときこそ、お出迎えのとき以上に重要と言っても過言ではありません。

私は最初と最後で意識的に変えていることがひとつあります。

それは「笑顔」です。

お出迎えのときは「初めまして」かもしれませんし、何度もご一緒しているお客さまでもその日そのときにお会いするのは「初めて」です。しかし飛行機をお降りになるときには、すでにお客さまとよい関係性を築き上げているはずです。

「ありがとうございました」「ご一緒させていただけてよかったです」という気持ちを込めて、**その日一番で最大のそして親しみを感じていただける最高の笑顔**

でお送りするのです。

ＶＶＩＰの皆さまにも、最大の笑顔にプラス手を振ってお送りしています。すると皆さまもバスのなかから、わざわざ立ち上がって手を振り返してくださいます。

その後、お車が見えなくなるまでお見送りし、最後にもう一度、感謝の気持ちを込めて一礼し、飛行機へ戻ります。

実はアメリカ人やヨーロッパ人のパイロットは、最初、この日本的な振る舞いになかなか付き合ってくれなかったのですが、「ありがとうの気持ちを最大限に込めているのよ」ということを伝え続けていたら、いつの間にか一緒に最後まで見送ってくれるようになりました。

お見送り、それは決して「終わり」ではなく、次につながる「はじまり」です。

Beautiful Mind

最後の瞬間を大切に

第2章

プライベートジェットCA流
究極の仕事術

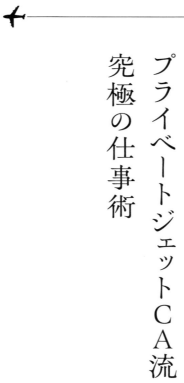

1

できることはすべてやる

「今回のフライトではどんな最新の映画が観られるのかしら」

機内でのエンターテインメントといえば、日本では公開前や最新の映画が観られるのが楽しみのひとつですね。残念ながらプライベートジェットでは公開前の映画をご用意することはできませんが、その代わりにもっとスペシャルな準備をしています。

飛行機に乗ったとき、「今回は観たいものがなかった」と残念に思うことも少なくないですよね。同じ月に乗ると、映画も同じものでがっかりします。

このようなお客さまのがっかり感をなくすために、プライベートジェットだからこそできることとはなんでしょうか。

それは、**お一人おひとりの「ニーズに合いそう」な映画をご用意する**ことです。

もしあなたの観たい映画ばかりだったら、「どれから観ようかしら」とワクワクしませんか？　そんなお客さまの笑顔を想像して、機内でご覧いただく映画をご用意しています。

ここで、「ただニーズに合いそうなものをご用意する」だけで満足してしまったら、残念ながら「普通」です。どうしたらお客さまに喜んでいただけるかを考えると、自然と次の行動に移れるはずです。もう一歩踏み込んでみましょう。

私は**「ご用意した映画はすべて自分も観る」**ようにしています。ロングトリップですとご用意する映画が10本以上になることもありますが、妥協はしません。途方もない時間がかかりますし、私が選んだとはいえ興味のない映画もたくさんあり、途中で寝てしまうこともあります。ですが事前に内容をすべて把握することで、「この映画は不適切かも」「お好みではないかも」と気づき、リストから外すことができます。

私も何度も経験がありますが、機内で映画を観ていると、観終わる前に到着してしまうことがあるでしょう。

Work Excellence

準備は徹底的に。そして一歩踏み込んで

あるとき、飛行機を降りる準備をされていたお客さまが、「この映画、この後どうなったのか知っている？」とお聞きになったのです。

もちろんお客さまは私がすべての映画を観ていることはご存じないですし、何気なく、「会話」としてお聞きになっただけです。ですが、そこで内容をお伝えすることで「思いがけず、結末を知ることができた」と、とても感動してくださいました。

もし「ニーズに合いそうな映画をご用意する」だけで終わらせてしまっていたら、お客さまに期待以上のものをご提供することはできませんでした。

たかが映画かもしれません。しかし、お相手を想像し、あれこれ考え、そして「一歩踏み込んだ」準備をする。だからこそお会いしたときに「おもてなしの心」としてお客さまに伝わり、感動していただくことができます。

2

1日くらい寝なくても

「笑顔のCA」と「疲れが滲み出ているCA」

あなただったらどちらのCAと一緒にフライトをしたいですか?

飛行機のなかだけでなく、お店などでも「あのかた、疲れていそうだわ」と感じることがあるかもしれません。

おもてなしの観点からは「疲れた姿」をお客さまに見せてしまった瞬間、プロ失格です。

例えば、羽田からパリに向け15時に出発するとしましょう。パリまでのフライトタイムは通常時ですと12~13時間くらい。Crew は出発の2時間前、13時には空港にShow up(集合)します。空港までの移動時間は渋滞などを考え、余裕を持って45分前の12時15分に自宅を出ます。

お昼過ぎに家を出るとしてもギリギリまで寝ているわけにはいきません。連絡を見逃していないか、時間変更はないかという心配で寝ていられないということもあります。というのも、お客さまや運航会社、FBO、ブローカーなどからどんどんメールが届くからです。ここもエアラインのCAと違うところです。

運航会社はアメリカやヨーロッパの会社であることが多いため時差もあり、時間も関係なく24時間、休むことなく連絡がきます。

常に自分宛てではありませんが、フライトの全体像を把握していないといけません。なぜなら、もし出発時刻の変更が入っても、「出発時刻が変更になったからケータリングの時刻も変更して」というメッセージは送られてこないからです。

そんなわけで急な変更に対応するためにも通常通りに朝起きます。

するとパリ到着時にはすでに20時間以上起きてサービスをしていることになります（お客さま皆さまがお休みになったときにはジャンプシートで休むこともありますが、しっかりと睡眠をとることはできません）。

もちろん疲れます。ただ疲れるというより〝綿のように疲れる〟〝疲労困憊〟と表現したほうがいいくらいのときもあります。

だからといってお客さまが飛行機をお降りになるときに、一瞬でもその疲れを見せてしまったら、プロフェッショナル失格です。**12時間以上飛んでいようが、24時間以上起きていようが一切の疲れを見せず、つくり笑いではない、本物の笑顔でお客さまをお見送りできるからこそ、お客さまに「また次もお願いね」とおっしゃっていただける**のだと思います。

そしてその姿はお客さまだけでなく、いろいろなかたが見ています。

実際にパリに着いたとき、地上のハンドリングのかたが「日本からでは12時間以上でしょう！　それなのに笑顔で接してくれるＣＡなんて君以外今までいなかったよ！　ありがとう」とおしゃってくださったこともあります。

また日本のＦＢＯのかたに「久しぶりに会うパイロットたちと食事に行くから、山崎さんもどうですか？」と声をかけていただいたときに、12時間以上飛んできたのにもかかわらず、疲れを見せずに笑顔で「もちろん！　ぜひご一緒させてください」とお答えしたことが、10年以上経った今でも「どこからあのパワーが出てくるのか本当に不思議」とお会いするたびに話題になります。
そんな私のフライト中の気持ちの切り替え術は、肩のストレッチをして、ティッシュペーパーに香りを垂らして深呼吸。そして「ヨシッ」と気合を入れます。

「おもてなし」において疲れを見せてしまうことは、マイナスになってもプラスに転じることは絶対にありません。それはお客さまに気を遣わせてしまうことになる以外、何も生まれないからです。
どんなに疲れていてもその疲れを微塵も見せず、つくり笑いではない笑顔でお客さまに接する、その姿はお客さまの記憶に確実に残り、お客さまを笑顔にすることでしょう。

Work Excellence

疲れを見せない体力もひとつの武器

3

プライベートジェットCAの辞書に「NO」という文字はない

「ダイエット中だから食べられるものがないねぇ」

フライトによっては秘書のかたと数ヶ月、打ち合わせに打ち合わせを重ね、機内食のメニューを決定することがあります。機内食（ワインや茶菓も含めて）をご用意する方法はさまざまですが、Principal（最も重要なお客さま）の苦手なもの・お好きなものを伺い、料理長やシェフからご提案をいただき、お客さまにフィードバックします。したがって、機内で「さあ、お食事の時間」となりPrincipalのかたがメニューを開いたら、そこにはこれ以上ない、最高のお食事のメニューが広がっているので、思わず笑顔になってしまうはずなのです。

ところがあるフライトでお献立表をお渡しすると、Principalのかたがなぜか悩んでいらっしゃるように見受けられました。「どうされたのかしら？　何か問題かしら？」と笑顔でお待ちしつつ内心はドキドキです。このときはショートフライトで、お食事のチョイスはなく1種類のみでしたので、普通であれば「悩む要素はない」はずなのです。

ですがPrincipalのかたは悩んでいらっしゃいます。そしてひと言、「う〜ん、今ダイエット中なのだよね。何も食べられないなぁ」とおっしゃいました。

「え！　ご冗談ですよね？　冗談だよとおっしゃってください！」という驚きを通り越し、「秘書さま！　なぜにこんなに大事な情報が抜け落ちているのですか？」という気持ちを押し隠すのが精いっぱいでした。

「さようでございましたか。それは存じ上げず大変失礼いたしました。どのような食材や調理法のお食事でしたら召し上がれますか？」と伺い、気持ちを切り替えて今機内でできる最大で最高のことを考えます。

パイロットにも事情を説明し、パイロットの食事も少しずつ使わせてもらい、臨機応変に対応することができた結果、大変喜んでいただけました。

またあるときはフライト直前、ホテルから空港に向かう準備をしていたときに秘書のかたから、「機内食にはお寿司を用意してください」と連絡が入りました。

幸運にもお店をご指定いただきましたので、急ぎ電話をし「対応してくださるかどうか」を確認します。するとご対応していただけるとのことでしたが、「空港まではデリバリーできないので、お店までピックアップに来てください」とおっしゃいます。

しかし今すぐホテルを出て向かったとしても、お店経由で空港へ向かうと、私が空港に着くのは出発時刻になってしまいます。まさか機内食のことで出発時刻を遅らせることはできませんので、「FBOのどなたかがピックアップに行っていただけないか？」とFBOに連絡をします。

すると、「今日は人員に余裕があるから行けるよ。ただ、同じく到着は出発時刻ギリギリになる」と言われます。「ありがとうございます！　問題ないです！　出発までにShip side（機側）に持って来ていただければ大丈夫です」と答えます。

そして秘書のかたに「ご用意できます」とご連絡を入れます。事情もご説明し、「できるかぎりゆっくりご搭乗いただけるように」お願いすることも忘れません。たったの数分であったとしても時間を稼ぎたいのです。そしてキャプテンにもすべてを報告します。

無事、お寿司を前にしたときのお客さまの笑顔が最高の贈り物です。

サービスはあらかじめ想定された決められた業務なのに対し、**おもてなしに求められるのは即興性や臨機応変力**です。そこにはこうしたらよい、こうしなくてはいけないという、決まりごとは存在しません。

「できません」「ございません」「ありません」とお伝えする前に、「何だったらできるか」、ただただお客さまのことを考えて行動するのみです。

臨機応変に対応した経験は、あなたの**「引き出し」として蓄積され、大きな笑顔を生み出す源になる**はずです。逆に引き出しが空っぽでは、お客さまに喜んでいただくことはできませんので、常に自分磨きを忘れないようにしてください。

小さなことの積み重ねが必ず大きな結果をもたらしてくれます。

Work Excellence

「できること」をまず、最大限に探す

4

お客さまを上手にリードする

「会長、どうぞ」

離陸後、カンファレンステーブル（4名が座れる座席）に皆さまがお集まりになり、お屠蘇の時間。特に海外から日本にお帰りになるフライトでお正月にご一緒するときには、お屠蘇やおせちをご用意することがあります。

テーブルセッティングを終え、その場を離れようとすると、「会長、どうぞ」と声が聞こえてきます。「あら？　お屠蘇ではなくシャンパンからお飲みになるのかしら？　それなら私がお注ぎしなくては」と思い振り返ると、お客さまが持っていたのはお銚子です。そのまま注いでしまいそうでしたので、「地域によって違いがあるかもしれませんが、このような順番で飲むと言われています」と迷いつつもお作法をお伝えしました。お屠蘇は年少者から飲むのが伝統なのです。するとどうでしょうか。「由来と方法」を併せてお伝えできたことで、「日本の伝統をきちんと知っているのは素晴らしい」と会長はとても喜ばれました。その後、会長がお正月やお屠蘇についてお話をされるきっかけにもなり、お正月らしい穏やかな時間が流れていきました。

ここで難しいのが、**「正すこと」が今この状況で「お客さまにとってよいことなのかどうか」の判断**です。「正すこと」で誰もハッピーにならないのであれば、見て見ぬふり、聞こえないふりをすることもあります。このときはご一緒していたのが若いかたでしたので、「老婆心ながら」とお伝えすることを選びました。

基本的にはこのように**Principalのかたがハッピーになるように機内を整えます。**プライベートジェットの書類には、必ずどのお客さまがPrincipalかが書かれていますので、苦労なく把握することができます。

プライベートジェットには飛行機の構造上、「ここが一番よい席」という席が存在します。事前打ち合わせのときに、「どの席がよい席ですか？」とご質問をいただくこともあります。

そして初めてPrincipalのかたとご一緒する多くのお付きのかたは、ご搭乗後に「こちらの席にお座りください」と一番よい席をおすすめすることがあります。当たり前ですよね。一番よい席にお座りいただきたいですものね。しかし、座る席には右や左、前や後ろなど皆さまそれぞれお好みがあり、誰もが一番よい席をお好みになるわけではないので、そのようなときは（たいてい私はPrincipalのかたのそばについていますので）、「どうなさいますか？　いつものこちらのお席にお座りになりますか？」とご本人にだけ聞こえる声のボリュームで伺います。

このときに気をつけていることは、**Principalのかたが「違う」と伝えなくてもいいように、そしてお付きのかたが「すみません」と恐縮なさらないように、**機内の状況を一番把握している私が間に入り、全体を上手にリードすることです。

逆に、いつものお席ではなく、一番よい席にお座りいただいたほうがフライト全体がスムーズに進むと判断した場合には、一番よい座席をおすすめすることもあります。このときには必ず「どうして」というお客さまが納得する理由を添えてお伝えします。例えば「今回はフライトタイムが長いので、いつものこちらのお席よりも、あちらのお席のほうがリクライニングの可動域も大きいですし、フットレストもお使いいただけますので、お寛ぎいただけるかと思います。せっかくですのであちらのお席でゆっくりお過ごしになりませんか？」と誘導します。

必要に応じてお客さまを上手にリードする場合に注意しなければいけないのは、**決して押しつけにならないこと。リードはしますがお選びになりお決めになるのはあくまでもお客さま**ですので、必ず疑問形でお伝えするようにしています。

「あちらにお座りください」とお伝えするのと、「あちらにお座りいただくのはいかがですか？」とではずいぶん印象が変わると思いませんか？

最終的にはお客さまがご自身で「選んだ」という意識を持っていただけることが重要なのです。

Work Excellence

状況に応じて上手にお客さまをコントロールする

5

お客さまのご厚意に甘えてもいい？

世界各国の入国手続きはさまざまです。国や空港によってだけでなく、その日の係官によって変わることさえありますし、入国後の動線もさまざまです。

例えばアメリカに入国する際は、機内で手続きを行なわずターミナルで入国手続きを行なう空港でも、入国後にCrewは飛行機に戻り、片付けなどの作業ができます。

しかしロシアでは違いました。到着後、お客さまをご案内しながらターミナルに行き入国審査を終え飛行機に戻ろうとすると、**「もう飛行機には戻れない」**と係官にロシア語で言われてしまったのです（飛行機を離れても戻って来られるとFBOから説明を受けていました）。

と言っても私はロシア語を話せませんので、ジェスチャーでそう言われたと理解したのですが、さあ大変です。私はパスポートだけを持ちターミナルに来てしまったのです。

しかもそんなときに限ってＦＢＯに助けを求めることができない状況でした。とりあえず英語を理解しない係官にロシア語を話せない私が英語で説明を試みますが、係官は首を振るだけでらちがあきません。

困り果てていたところ、私の様子を見かねて戻って来てくださった通訳のかたのお言葉に甘えて交渉をお願いしました。そのおかげで無事機内に戻り、パイロットとも会うことができたのですが、この私の行動がのちにお叱りにつながってしまいます。

何が問題だったのでしょうか。

通訳のかたが私をケアしてくださっている間、Principal のかたをはじめ、皆さまがその場に立って待っていなければならなかったのです。

特にどなたかにお叱りを受けたというわけではなく、お付きの方々が Principal のかたをお待たせしていることが気になったのだと思います。最終的には日本に戻ってから、**「ＣＡひとりでどうにかならなかったのか」**と、クレームという形で会社にフィードバックがありました。

結論は、なるはずでした。断言できます。通訳のかたに最後まで手伝っていただく必要はなかったのです。例えば、「ＦＢＯに連絡してほしい」旨をロシア語に訳して係官にお伝えしていただくこともできたはずです。今の私ならそうします。しかしまだまだ駆け出しだった私は、すっかりお客さまのご厚意に甘えてしまったのです。焦ってしまった私はまわりを見る余裕がなく、自分が取った行動がお客さまにどのような影響を与えるかを想像することができませんでした。

お客さまのご厚意にすべて甘えてはいけない、というわけではありません。ときに甘えてもいいシチュエーションもあれば、辞退するべきシーンもあるでしょう。きちんと判断できるように、**常にまわりの状況やお客さまへの影響を見極めることが大切**なのです。そうすることで自然と答えは導き出されることでしょう。

Work Excellence

お客さまに与える影響を想像する

6

「レストラン山崎」へようこそ

プライベートジェットにお乗りになるお客さまには常に「高級なものをお出ししなくてはいけない」。この業界に入って間もない頃はそう思っていました。

しかし、世界一周ともなると、終わりに近づけば近づくほど身体的にはもちろん、胃にもお疲れが出ていらっしゃいます。そして「素朴な日本食」が恋しくなるものです。

アメリカ各地を移動する旅行の終盤、次のフライトではコーディネーターのイギリス人の女性からサンドイッチとクッキーを用意するようリクエストをいただきました。

「お疲れになっているこのタイミングで召し上がれるかしら」と少し引っかかりましたので、おにぎりもメニューに加えることにしました。

するとどうでしょう。「お～、おにぎりうれしいね。こういうのが食べたかったんだよ。具も選べるの？」と、皆さまはおにぎりをご希望になりました。

日本を出発して何日も経っている日本人のお客さまと、前日アメリカ国内から同行するようになったイギリス人のかた、状況が違えばカラダが欲するものも違ってきます。どちらの状況もしっかりとつかむ必要があります。

このフライトを踏まえ、次のフライトのお食事は個々に召し上がりたいものをお聞きすることにしました。ご用意できるのはレトルトなのですが、それでも皆さま「明日もレストラン山崎でお願いします！」と喜んでくださいました。

しっかりとした根拠があるのならば、**ときにはお客さまの言葉を疑い自分の感覚を信じる**ことも必要です。

Work Excellence

自分に置き換えて考えてみる

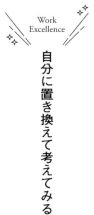

7

不安を確実に払拭する

「なぜ揺れているの？」

お客さまによって不安に思うポイントは違います。

航行中、積乱雲のためずっと揺れが続いていたとしても、Crewは「積乱雲だから仕方ない」と思いますが、お客さまにとっては理由がわからず不安に思われることも少なくありませんし、その不安を言葉にしてくださるかたばかりではありません。

リクライニングをもとにお戻しになり深く座り直したり、シートベルトをギュッと締めたり、アームレストを握り締めていらっしゃったり、窓の外を不安そうに眺めていらっしゃったり。言葉以外からお客さまの気持ちを汲み取ります。

そのようなときには揺れている理由、例えば「揺れているのは東南アジア特有の気象条件のせいであり、揺れても問題ないこと」をおひとりずつにお伝えします。お客さまの心理状態によっては、決してコックピットの技量によるものではないことを添えることもあります。

特に安全面に関する不安はきちんと払拭しておく必要があります。揺れている理由がわかったとしても、「その揺れを回避できないのか」疑問に思われ、「高度を上げることはできないのか?」とご質問をいただくこともあります。

そのようなときには隠すことなく、「フライトタイムが短いため、高度を上げることが不可能であることやATC（Air Traffic Control＝航空交通管制）からの指示で勝手に高度を変えらないこと。その状況下でもパイロットは揺れを最小限に抑えるため、ベストな高度をリクエストしている」ことなどもご説明します。お客さまのご様子によっては積乱雲を実際にコックピットからご覧いただき、着陸の際にも揺れる可能性があることを事前にお伝えすることもあります。

また、シンガポールを離陸後に「パイロットはエアフォース出身なのか」、そんなご質問をいただいたこともありました。何が不安だったのでしょう。

慣れている私たちは特に感じない程度ですが、お客さまにとってはかなり急上昇したように感じられ、驚かれたのでしょう。シンガポールのセレター空港は滑走路が極端に短いため、急激に上がらないといけないことを説明します。
お客さまが乗っていらっしゃらないエンプティーフライトでは、私でさえ驚くほどの急上昇をすることがあり、プライベートジェットで急上昇するとアトラクションに乗っているような感覚になるのもよくわかります。

航行中に揺れたり、出発や離陸が遅れたりしているときなどにイレギュラーが起こったときには、特にこまめにお客さまに状況をご説明するようにしています。
プライベートジェットでは、ＣＡも運航に対する知識を持っている必要性を感じていますので、折に触れ**パイロットに教わり知識の向上を心がけています。**

Work Excellence

お客さまの不安は丁寧に確実に取り除くこと

8

分刻みのメモを取る

絶対に忘れるわけがないと思っていたはずなのにどうしても思い出せない、そんなことはありませんか？

私がお客さまのペースをいち早くつかむことができ、「さすが」とおっしゃっていただけるのには秘密があります。どなたでも今からすぐにできる、簡単なこと。

「お客さまの行動と飛行機での様子をメモする」ことです。

コツは「分刻み」でメモすること。そして省略しないことです。

例えば私のメモには、次のように書いてあります。

12：33　お客さま　ターミナル到着

12：45　Ship到着（ターミナルからShipまでの時間を把握することにつながります）

12：50　おしぼりSVC（サービス）

ご搭乗直後の着席位置、お召し物のお預かり、荷物の置く場所など

12：51　Aさま　AFT（機体後方）LAV（お手洗い）使用

12：54　シャンパンSVC

13：03　Door Close（搭乗口ドアを閉める）

13：10　Block Out（飛行機の動き出し）

13：20　Bさま　シャンパンおかわり

このように事細かくメモしていきます。

分数まで書くことでフライト中、メモをするたびに少し前の出来事を振り返れるので、お客さまのタイミングを把握するのにとても役立ちます。

フライト終了後にはメモを書き起こして記録として残すことで、お客さまの様

子を客観的に把握することをできるようにもなります。

お酒のおかわりのタイミングやお食事の進み具合、召し上がったものなど、このメモなくして次のフライトに臨むことはできません。

秘書のかたなどから「フライト中にお酒はどれくらい飲みましたか？」というご質問にもアバウトではなく、正確な量をお伝えすることもできます。

人は覚えていると思っていても、実際には忘れてしまうことのほうが多いものです。ぜひ「できるだけ細かく」メモを取る習慣をつけてみてください。驚くほどお客さまのことが見えてくるはずです。

Work Excellence

記憶ではなく、記録に残す。細かい記録が自分を助けてくれる

9

一歩先の〝先の先〟

「一歩先を読みましょう」

よく耳にする言葉です。しかし、「一歩先」とはよく聞くくらいですから、当たり前で普通なのです。一歩先を読んで行動しただけでは、残念ながらお客さまの感動にはつながりません。

あるとき、ワイン好きのお客さまから、**「今後赤ワインは、イタリアのものを用意しておいてください」**とリクエストをいただきました。

あなたならどんなイタリアワインをご用意しますか？　お客さまのお好きそうなワイン、人気のあるワイン、評価が高いワイン、高級ワインなどをご用意するのは普通ですよね。

機内でもご用意したワインについてお客さまから「これはどんなワイン？」とご質問をいただくことがあります。ワインに詳しいかたはご存じかもしれませんが、イタリアの品種はとても種類が多く、さらにはイタリアにしかない品種もたくさんあります。ソムリエの資格を持っていても、飲んだことも、聞いたこともない品種もたくさんあります。

だからといってお客さまからご質問をいただいたときに、「わかりません。あいにく飲んだことがありませんので」とお答えしたり、まったく知識のないワインをおすすめしたりするのはプロフェッショナルとしていかがなものでしょう。

では逆に、自分がきちんと説明できる品種のワインだけを揃えてみますか？　きっとそのようなワインリストでは代わり映えがしなく、お客さまも楽しくないでしょう。

そこで私が考えたのは、**機内に「本」を用意する**ことでした。

いろいろな本屋さんを巡り、実際に本を手に取って内容がお客さまに合うかどうか確認し、最終的には**９００ページに及ぶ文庫本サイズの「イタリアワイン図鑑」**を購入することにしました。そしてその本に載っている赤ワインを品種や産地が重ならないように、フライトごとに何種類か選んで搭載しようと考えたのです。

さらに、お飲みになったワインには印をつけていきます。そうしますと、「わ〜。こんなに飲んだんだ」「次はこれが飲んでみたいな」「これおいしかったんだよね。また準備しておいて」と、会話も楽しく広がります。

お客さまが「イタリアワインを用意しておいて」とおっしゃったときには、まさか機内にワイン図鑑があって、そこから選ぶことができて、さらにはありとあらゆるワインの情報を得られるかもしれない、なんて考えてもいらっしゃらなかったと思います。

一歩先ではなく、その〝先の先〟、三歩先を読んで行動したからこそ見られたお客さまの感動の笑顔です。

ぜひ皆さまのそれぞれの状況でお客さまの心に寄り添って、「どうしたら喜んでいただけるか」、そのために「できることの最高位・最上級のことは何か」「何をすることがお客さまのハッピーにつながるのか」、想像力を働かせて行動するようにしてください。

三歩先を考えて行動し、その行動がお客さまの言葉にしなかったご要望にピッタリだったとき、お客さまの最高の笑顔が見られるはずです。

Work Excellence

一歩先は当たり前。先の先の先＝三歩先を考えて行動する

10

そちら、お客さまに見せてもいいところですか？

お客さまには、**あえて見せてもいいところと絶対に目に触れないように気を遣うべきところ**があります。特にＪＡＬの新人訓練中には、教室で誰かひとりでも「何かを食べたり飲んだりするとき」には、教室の通路側のカーテンを必ず閉めるように徹底的に指導されます。飲食をする本人が、食べ物・飲み物を口にする前にカーテンを閉めればいいことなのですが、うっかり飲み物を飲んでしまうときもあります。もし教官に見つかったら……、連帯責任です。

どうしてここまで徹底するのでしょうか。それは教室を機内のＧＬＹに見立てているからで、何かを食べたり飲んだりする姿はお客さまにお見せするべきではないと教わります。教室＝ＣＡが作業する場所＝機内のＧＬＹです。基本的にＣＡがＧＬＹで作業している姿をお客さまにお見せすることはないのです。

しかし残念な話を聞いたこともあります。CAをしていると、自然と友人・知人から「今回のフライトではこんなことがあった」と、よいことも悪いことも聞くチャンスがあります。このときはファーストクラスにご搭乗になったお客さまから伺いました。お手洗いに立ったときにGLYのカーテンが少し開いていたため、CAがしゃがんでカートから直接チーズをつまんで食べているのが見えたそうです。さらに目が合うと「あ、召し上がりますか?」と言われたとのこと。

どうでしょうか。次に挙げる3点を修正できていたのなら、お客さまは「モヤモヤ」を感じずに済んだかもしれません。

CAはお客さまと同じMeal（食事）をいただきますので、「チーズ」を食べていた行為、これ自体は問題ありません。しかし、①カーテンをきっちりと閉めた上で、お客さまの目に触れないようにして食事するべきでした。そして②お客さまがカーテンを開けたときに備えて、きちんとお皿に盛り付けてカトラリーを使って丁寧にいただくべきでした。さらには、③目が合ってお行儀悪くつまんでいたシーンをお客さまに見られてしまったのであれば、まずは「大変失礼いたしました」と言い、すっと立ち上がってから「何か召し上がりますか？」とお声がけをするべきでした。

このように、見せないほうがいいシーンをお見せしてしまうと、お客さまの満足度は下がってしまいます。

その他にも「見せないほうが美しいシーン」にはお掃除の道具なども あります。とあるホテルのプールでくつろいでいるときに、スタッフのかたがプールサイドに「網」と「何か」を持って近づいていらっしゃいました。きっと虫を取ってくださるためだろうなとは思いましたが、どんな虫がいたのかはわかりませんでした。

どうしてだと思いますか？

それはスタッフのかたが、お持ちのスプレーらしきものをテーブルナプキンでしっかりと見えないように配慮してくださっていたからです。スプレーの文字が見えないようにしてくださっていたおかげで「どんな虫」なのかを知らずに過ごすことができました。最終的にはスプレーはお使いになりませんでしたが、このような小さなことにも配慮し気遣いをしてくださるだけで随分と気持ちが変わります。一流ホテルと言われる所以だと学びにもつながりました。

では、お見せしたほうがいいのはどんなシーンでしょうか。

アメリカ国内を一緒にフライトしたアメリカ人のCAの演出が素晴らしく、お客さまの期待感が高まった出来事がありました。

「ブラッディ・メアリーを、トマトジュースを使わないつくり方でつくれる？」とオーダーされたときに、「用意あるかしら？」と彼女に聞くと、「もちろん！」とCargo（機体後方にある荷物収納スペース）に行き、茶色い紙袋に入ったフレッシュセロリをエレガントに腕に抱えて戻ってきたのです。

こちらの様子をご覧になったお客さまは「お～、本格的だね。すごいね！」とお喜びになり、ほかのお客さまも「僕もブラッディ・メアリーにしようかな。変えてもらえる？」と一気に客室の空気が変わりました。もし彼女が茶色い紙袋のなかに隠すように、お客さまに見えないようにセロリを入れてGLYまで持って来ていたら、どうだったでしょうか。いつもと変わらない、静かな時間がそこには流れていたことでしょう。

フレッシュセロリが常時搭載品のひとつで、毎フライト用意されているアメリカの飛行機だからこそできた演出だったと、そのこだわりに私も感激しました。このようにあえて「美しくお魅せ」することでお客さまの「楽しい」を引き出すこともできるのです。

小さなことですが、一つひとつの行動を「美しく魅せる」のか、「きちんと隠す」のかを考えることからはじめてみましょう。

Work Excellence

「魅せる」か「隠すか」のどちらかしかない

第3章

「感謝」ではなく「感動」をお届けするための5つの力

1

お客さまの名前を言い当てる極意――観察力

「ぜひうちの会社に来てほしい！」

プライベートジェットでは座席が決まっていませんので、お客さまはその日のご気分で座りたい席にお座りになれます。Principal のかた以外は、情報として「お名前」と「生年月日」はいただくことができますが、エアラインのようにお座りになっている座席からお名前を把握することはできません。

しかし、お客さまがどなたかわからないからといって、**お名前をお呼びせずにサービスをするのはプロフェッショナルではありません。**

それでも、お名前を把握しようと、おひとりずつ「○○さまですか？　失礼いたしました」「○○さまでしょうか」なんてお名前を伺ってまわるのもスマートではありません。ではどうしたらいいのでしょうか。

簡単です。ひたすらお客さまを観察するのです。

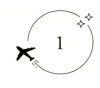

話し方やジェスチャー、表情・態度などをじっくり観察することでお客さま同士の関係性が自然と見えてきます。もしかしたらお話し中にお名前を呼んで会話をされるかもしれません。情報はいろいろなところに現われますので、そのようなことに意識を向けながらサービスをします。

お客さまは「言葉」だけでなく、「非言語」でもいろいろな情報を与えてくれます。それをキャッチできるかどうかは、**「観察力」**にかかっているのです。

観察を続けると、おひとり、おふたりとお名前がわかってきます。「こちらにお座りのお客さまはAさまだわ。そうするとこちらにお座りのかたがBさまかしら」と仮説を立てていきます。仮説を立てるとパズルのようにお名前がはまっていきます。

このときに気をつけたいのが、**間違ってもお客さまの会話の内容を聞くのではなく、あくまでも「話し方」や「非言語の情報」を観察すること**です。

お客さまは会話を聞かれているかどうか、とても敏感に感じ取りますので注意が必要です。

あるときのフライトは9名さまのグループだったのですが、観察力を駆使した結果、なんと全員のお名前を正しくお呼びすることができました。

これには皆さま、特にPrincipalのかたが「顔写真も何もないのにどうして誰が誰だかわかったのですか？」と驚かれ、「ぜひうちの会社に来てほしい！」と大変喜んでくださいました。

観察することで見えてくることはたくさんあります。

このお話をした私のセミナーでも、ご参加の皆さまが自己紹介をしていただく前なのに正確にお名前をお呼びしたので、「驚きました」「すごいです」とのご感想をいただきました。

5 Moving Powers

「観察力」とは、お客さまの感動につながる第一歩

2

いくつもの引き出しを用意する――仮説力

「今、どうしてあちらのお客さまは頭を動かしたと思う?」

「ジャンボ」の通称で知られていた「B747-400」のファーストクラスを担当しているときに、チーフ(先任客室乗務員)に聞かれたことがあります。

現在運航されているほとんどの飛行機のコンフィグレーション(Configuration=機内の客室仕様)は、ボーディング(搭乗)のときに使うL1 Door(左側の一番前のドア)の横、つまり最前方にGLYがあるので、正面からファーストクラスの座席を見るタイプがほとんどです。

それに対してジャンボ(B747-400)のコンフィグレーションは、機内は前方からファーストクラスの席→L1/R1ドア=GLYの仕様だったので、今の飛行機とは違い、フライト中にファーストクラスの席を後ろから見渡すことができました。

お食事のサービスが終わり、CBNを見ているときには、お客さまが「何か物を取ろうとして頭が動いたのか、CAを呼ぼうとして頭が動いたのか、それともただお休みになっていらっしゃるだけなのか、それを考えながら客室を見ていなさい」**「頭の動きだけでお客さまの様子がわかるようになりなさい」と、仮説を立てながら観察することの重要性**をチーフは教えてくださいました。

今思うと、大切な私の原点のひとつです。

仮説を立てるときにはひとつだけではなく、いくつか違った方向で考えるようにすることで、自分の次の行動をイメージすることができますし、お客さまのリクエストにもスムーズに対応できます。

機内サービスに決まりごとがないプライベートジェットでは、仮説力が大いに役立ちます。

ご搭乗後のお客さまの様子を観察し、「今日はお疲れのようだ」とお見受けしたら、

仮説A：「もしかしたら、お食事を召し上がらずに先にベッドでお休みになるかな」

↓もしそうだったら「離陸後すぐに、ベッドの横にお水を置くなどのターンダウンの準備をしよう」と考える。

仮説B：「もしかしたら、軽く召し上がってすぐにお休みになるかもしれない」

↓もしそうだったら「今日準備しているお食事で、すぐにお出しできるものは何かな。離陸前に少しプリパレーション（下準備）をしておこう」と考える。

このように「もしかして、こうなさるかな」というさまざまな仮説を立て、自分なりに答えを出しておきます。

「観察」しているだけでは答えを導くことはできません。「もしそうなら、何ができるの？」「どうして、そうなさったの？」と、仮説を立てることが大切なのです。

「観察力」と「仮説力」はセットです。

どれだけお客さまのことを観察しているか、どれだけたくさんの仮説を立てられるか。それは「引き出し」をどれだけ持っているかによっても変わってきてしまいます。

だからこそひたすら経験を積み重ねていく。

仮説力は財産になるのです。

5 Moving Powers

「仮説力」とは、「もしかしたら」をたくさん考えること

3

思い込みを超えた先に得られるもの――想像力

私のプライベートジェットの初フライトでは、「お客さまが求めているもの」を想像しきれずに失敗してしまいました。

JALではファーストクラスでも軽食としてラーメンが搭載されていますが、駆け出しの私は、プライベートジェットにお乗りになるお客さまは「ラーメンは召し上がらないのではないかしら」、そう思い込んでしまっていたのです。

プライベートジェットの機内の準備はすべてCAが行ないますので、私が「必要ない」と判断したものは、もちろん機内にありません。それに、空の上なので「足りないから急いで買いに行ってくる」なんてこともできません。

大失敗でした。行きのフライトで「ラーメンある？」と聞かれ、お断りすることになってしまったのです。

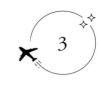

私の勝手な「思い込み」が、「想像すること」の邪魔をしてしまったのです。

では、「想像力を働かせる」にはどうしたらよかったのでしょうか。

例えば、お客さまがサービスを比べる対象としてエアラインのファーストクラスだと仮説を立て、**「最低限ファーストクラスで召し上がっているものは用意しておいたほうがよい」と想像することができた**はずなのです。ですがこのときの私はまだまだ経験が浅く引き出しも少なかったため、仮説を立てるための想像力が働かなかったのでしょう。

経験を重ねるうちに、ご用意したお食事が本格的で「ファーストクラスよりよかった」とのお言葉も多くいただくようになりました。

想像する力が弱いと、「言われたことだけをする」「こなすだけ」になってしまい、お客さまに「感動をお届けする」にはほど遠くなってしまうのです。

5 Moving Powers

「想像力」とは、常識や当たり前、思い込みを超えて考えること

4

一気に心が近づく効果的な方法――共感力

お客さまの心をギュッとつかむ方法のひとつが、「お客さまの楽しい」を共有し、そして共感することです。

「自分の好きなこと、自分の楽しいこと」をお客さまに共有・共感していただくのではありませんので、注意が必要です。

お店でもサロンでも同じです。「今日はお話が盛り上がったから〝楽しい〟を共有できたわ」と思っても、自身の楽しいことをお客さまに聞いていただいたのでは意味がありません。

オリンピック観戦のフライトにご一緒したときのことです。世界中から人が集まるような大きなイベントの際には、ご希望通りの離発着の時間が取れなかったり、駐機場の枠が取れなかったり、さまざまな問題が発生します。

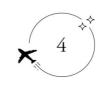

ご希望の日時ではなくなってしまったのですが、お客さまは「最終的には行くことができてよかった」とおっしゃってくださっていましたので、ご希望の試合はご覧になれないことを承知していました。そこで、「どの種目を観戦されるのですか?」と伺いますと、「テニスにしました」と教えてくださいました。

このときはCA2人体制でフライトをしていましたので、こちらのお客さま情報を共有した上で、飛行機を降りた後にふと、もうひとりのCAに「今日、どの試合を観るの?」と聞くと、「バスケットボールの試合を観たいと思っています」と返ってきます。もうおわかりですね。

ここは絶対に、テニスの試合を観るべきなのです、観なくてはいけません。Crew はプライベートでオリンピック観戦に来ているのではなく、あくまでも仕事でお客さまに連れて来ていただいているからです。

バスケットボールの試合を観戦したのでは、帰りの飛行機でお客さまがテニスの試合のお話をされたときに「楽しい気持ち」に共感することができず、ただお話を聴くだけになってしまいます。テニスの試合の様子を楽しそうにお話になるお客さまを見て、一緒に同じように楽しかった気持ちを抱き、その気持ちを共有することができるのが共感です。

共感はとても限定的ですので、「楽しい」が少しでもずれてしまうと、それは共感ではなくなってしまいます。「オリンピックが楽しかった」ことと、「テニスの試合が楽しかった」ことを共有するのではお客さまが持つ印象が変わってきます。

共感するためには「相手のかたに興味を持つ」ことがとても大切です。

そして一つひとつの行動はすべてがつながっています。なぜ、私が機内でお客さまにどの試合を観るのか伺ったのでしょうか。それは「お客さまの楽しいを共有したい」と思ったからです。興味本位で伺ったわけではありません。

あなたもお店のかたがあなたのお話に共感してくださり、盛り上がったとしたら、そのかたのことが記憶に残りませんか？

5 Moving Powers

「共感力」とは、相手の心に寄り添うこと

5

最後に大切なのは、この力——問題意識力

「さすがですね！」

お客さまからいただく褒め言葉として、うれしいお言葉のひとつではないでしょうか。

例えば、オリンピック観戦のフライトの際には、ご用意するメニューをオリンピック仕様にしてみる。すると「さすがですね。こういう日本人らしいお心遣いがとてもうれしいです」とおっしゃっていただけたり。

お客さまが「今度は機内で炊き立てのご飯を食べてみたいわ」とおっしゃれば、すぐに炊飯器を購入し、次のフライトではご飯を炊いてみる。すると「さすがだわ！　もう用意してくださったの？」と喜んでいただけたり。

期待を超えるサービスを提供してもらったときに、自然と「さすが」という言葉がお客さまの口から出てくるのだと思います。事の大小は関係ないのです。

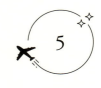

では、お客さまの「期待を超える」ためにはどうしたらいいでしょうか。

それは、**「今、なぜそうする必要があるのか」を常に考え、あなたの行動のすべてに意味を持たせる「問題意識」を持つことです。**「問題意識」と聞くと大袈裟に思われるかもしれませんが、「行動の一つひとつに気を配ること」と言い換えることもできます。

例えば、お水のグラスを置く位置、お客さまにお声がけをするタイミング、すべての行動に意味があるからこそ、お客さまの感動につながります。

「なんとなく、お水のグラスをお客さまの右側に置いた」「なんとなく、話しかけてみた」ではお客さまの心をつかむことはできません。

プライベートジェットの機内では、ドアをひとつ開けるのにもタイミングを見計らいます。

「今ドアを開けてもいいかしら?」「お客さまはどのようなご様子かしら? どのようなご様子だったかしら?」と、よく考えます。

「なぜそうするのか」、また「今、何をするべきなのか」、問題意識を持ってお客さまに接する、そうすることが「期待を超えるサービス」「感動を呼ぶおもてなし」につながり、お客さまとの強い絆ができるのです。

意味のない「何となく」「何にも考えずに」する行動は今からやめましょう。

5 Moving Powers

「問題意識力」とは、すべての行動に意味を持たせること

第4章

品格が宿る控えめな美学

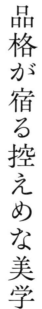

1

「いらっしゃいませ」に抱く違和感

歓迎の気持ちをお伝えする言葉「いらっしゃいませ」。そんな素敵な言葉であるはずの「いらっしゃいませ」に違和感を持つ今日この頃です。

どうしてでしょうか。

一番の原因は、言葉に気持ちを乗せていない「いらっしゃいませ」が圧倒的に多いからでしょう。何か別の作業をしながら「いらっしゃいませ」と言う。他のスタッフが言ったから、とりあえず「いらっしゃいませ」と口にする。

心のこもっていない「言葉」はすぐにわかりますし、言われて心地よいものではありません。

本当に「歓迎の気持ち」があるのであれば、必ず相手の顔を見て言うはずなのです。もし気持ちがないのであれば、いっそのこと言わないほうがいいかもしれません。

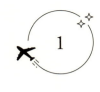

それに、「いらっしゃいませ」と必ず言う必要はないのです。代わりに次のように言うことができます。

・「おはようございます」「こんにちは」「こんばんは」と声に出してみる

これらの「挨拶」でしたら、きっとご挨拶をするかたに顔を向けて、笑顔で言うのではないでしょうか。下を向いて何か他の作業をしながら言うことは確実に少なくなるはずです。

・他の言葉を添えてみる

例えば、「いらっしゃいませ。今日はいいお天気ですね」「いらっしゃいませ。お越しいただきありがとうございます」。先ほどのご挨拶と組み合わせて「いらっしゃいませ。こんにちは」でもいいですね。

最初にこんなふうにお声をかけていただいたなら、「こんにちは。本当ね、昨日の雨がうそみたいよね」と会話が弾むきっかけになります。

ポイントは、最初のご挨拶はコミュニケーションを取るための第一歩という点です。

これは、常連のお客さまにでも初めてのお客さまに対してでも同じです。

「いらっしゃいませ」とだけ、ポンと言葉を渡されても、「なんと返していいかわからない」から言われてもそのままにしてしまう、そんなお客さまも多いでしょう。

もしそうならば、そうならないように**「相手のかたに合った言葉を添える工夫」**をしたらよいだけのこと。

そのためには目の前のかたに興味を持つ必要があるので、必ず顔を上げてお客さまの顔を見てご挨拶することになるはずですものね。

飛行機でお客さまをお迎えするときには、必ずお一人おひとりに違う言葉を添えて最初のご挨拶をしています。

「いらっしゃいませ。こんばんは。すっかり日が暮れるのが早くなりましたね」

と季節のご挨拶を添えることもあれば、「お帰りなさいませ。パリの街はいかがでしたか？」とご滞在中のことをキーワードとしてプラスすることもあります。朝早いフライトでピリッとした雰囲気をまとったお客さまには、「おはようございます。〇〇さま。本日もよろしくお願いいたします」とシンプルにご挨拶するときもあります。

10名がお乗りになったら10通りのご挨拶ができるように、どれだけのレパートリーを持ってご挨拶できるか。

「最初のご挨拶」で違和感を持たれてしまわないように。ぜひお客さまと接するお仕事をされているかたは、「差がつく最初のご挨拶」を工夫してみてください。

Elegance Mind

お客さまに対して興味と愛情を持つ

2

お客さまに命令していませんか

「こちらをお使いください」

つい丁寧にお願いしているつもりでも、「～～してください」と言ってしまうことがあるかもしれません。それは本当に「丁寧」な言い方でしょうか。

お客さまの立場に立って考えてみると、シーンによっては命令されているようにも感じられてしまうので注意が必要です。

例えば、レストランに入ってお店のかたに「カバンはこちらに置いてください」といきなり言われたら、それ以外のチョイスはありませんよね？　お客さまはそこに置かなければなりません。

そうなのです。お客さまにとっては命令されているのと同じなのです。

ではどのようにお伝えするのがいいのでしょうか。

お客さまに何かをお願いしたいときには、ぜひ**「依頼形」**でお伝えしてみてください。

「カバンはこちらに置いてください」
「こちらにカバンを置いていただけますでしょうか」

どちらのほうが気持ちよくカバンを置こうと思いますか？　言われたときの印象がだいぶ違いますよね。

語尾を依頼形に変えるだけで、お客さまはそこにカバンを置くかどうか、ご自身で選択・行動することにもなり、「置けと言われた」「命令された」「指示された」という不快感は軽減されます。

さらに、**「恐れ入りますが」**や**「ご不便をおかけいたしますが」**などシチュエーションに合った**「クッション言葉」**を添えることも大切です。
「恐れ入りますが、こちらにお荷物を置いていただけますでしょうか」という具合です。

さらに気をつけたいのが「少々お待ちください」です。依頼形にした「少々お待ちいただけますでしょうか」も同じく、私が使わないように気をつけている言葉でもあります。

基本的に、自分の作業中でしたら、すぐに手を置き「はい」と対応しますし、他のお客さまとお話しをしているときに呼ばれた際には、「お待ちいただけますでしょうか」とお伝えする代わりに、そのかたの目を見て**「はい。すぐに伺います」**とお答えしています。

「待って」と言わずに「はい」と対応するだけですが、お客さまが持つ印象は大きく変わります。ほんの少しの言葉の選び方で印象が大きく変わってしまうということを、ぜひ意識してみてください。

Elegance Mind

「お待ちください」は使わない

3

急いでいても上品に魅せる秘訣

一流ホテルのホテリエ（ホテルマン）やCAがホテル内や機内で走っているところ、早歩きをしているところを見かけたことがありますか？

もちろん緊急事態のときは別のお話です（しかしCAは、緊急事態でも機内を走ることはありません。なぜならCAが走ることで余計にお客さまに不安感を与えてしまうため、ただテキパキと動き、話すように訓練されています）。

短距離フライトでお客さまの人数が多く、お食事のサービスが盛りだくさんなときなどは、常に急ぎっぱなし。心では機内を走りたい気持ちでいっぱいです。

しかし、もちろん「走りまわる」なんてことは絶対にしませんし、「急いでいる」「時間がない」ことをお客さまが感じないように気をつけています。

急いでいても優雅に魅せる秘訣、それは**「間」**を上手に使うことです。

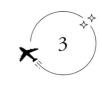

いつもより少しだけテキパキと動く、その代わりに一つひとつの所作・行動の後にきちんと「間」をつくることがポイントです。

急いでいるからと常にどこかが動いてしまっていると、その結果「なんかワサワサしている」「なんだか落ち着かない」「せわしない」空気をつくり出してしまうのです。

もちろん、急いでいる現状を理解していただくために言葉ではきちんと「着陸まであと10分ほどです」とお伝えすることもあります。しかし、そのときにも早口にならないこと、そして何かを片付けながらお伝えするなどの「ながら作業」にならないこと。このようなことを意識するだけで、急いでいてもお客さまに丁寧さと品格を感じていただけます。

プライベートでも仕事でも、急いでいるときこそ「間」を意識しましょう。

Elegance Mind

「間」を大切に

4

「知っている」と「できている」は別次元

「それ知っています。聞いたことがあります」

情報が溢れている今の世の中、もしかしたらほとんどのことは「あ、聞いたことがある」「そんなこと知っている」と感じることが多いかもしれません。

では、「知っている」から「できている」のでしょうか。

多くの後輩の指導をしてきて思うこと。それは**「知っている」と思った瞬間に、そのレベルで成長が止まってしまう**ということを意識できているかたが少ないということです。

そういうかたは「知っている」＝「できている」と勘違いしてしまっているのです。ですからそれ以上成長することがありません。

「知っているわ。でも私はどうかしら、できているかしら？」と何事も「自分ごと」として耳を傾けることが大切です。

わかりやすい出来事がありました。

オンラインで講座を受けたとき、何度か講師のかたが、「説明会で話を聞くときの姿勢・態度がものすごく横柄なかたがいらっしゃって、実はそのかたには本講座への参加はご遠慮いただいたのです。椅子にふんぞり返ってダラッと座っていらっしゃったからです」と、お話をされました。

その話を「自分ごと」として捉えられるかたは、その時点で「聞く姿勢・態度」を意識するので、背筋を伸ばすなど何かしら行動に移します。

しかし、元ホテリエのA子さんは微動だにしません。

講師のかたはA子さんに伝えたかったはずなのです。なぜならA子さんの姿勢こそがまさに先生がおっしゃっている姿、「ソファにダラッと浅く寄りかかって座り、クッションを抱えて」講座を受けていたからです。

もちろん推測でしかありませんが「そんなこと知っている、当たり前よね」と思いながら聞き、さらには、「私は5つ星ホテルで働いていたし、私はできている」と思い、講師のかたのお話に耳を貸さなかったのでしょう。

誰が見ても一目瞭然だったのにです。

これほど残念なことはありませんよね。

成長し続けるためには、**「私はどうかしら。できているかしら」**と謙虚に、そして丁寧に耳を傾けることです。

それは何も「私できていないわ」とむやみに卑屈になったり、自分をおとしめたりすることでは決してありません。

「知っている」「聞いたことがある」ことと、「できている」ことは別次元だということをまずは理解することが大切なのです。

Elegance Mind

「私はできている」とは決して思わないこと

5

こだわるのは「さりげなさ」

大変ありがたいことに、私が世界中のお客さまからご指名をいただき、フライトをご一緒させていただいている理由のひとつに、「なんだか心地よかった」というお言葉があります。

「○○がよかった」ではなく、フライトを通して「心地よかった」とおっしゃっていただけるなんて、最高のお褒めの言葉だと思いませんか？　まさに私が目指しているところでもあります。

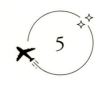

「なんだか心地よかった」。その裏には実はたくさんの「さりげなさ」が隠されています。

例えば、お食事が終わり映画などを観てゆっくりした後に、「さぁ、少し横になろうかな」と思い席を立ったら、ベッドの枕元にお水が用意してあり、加湿器もセットされている。

お客さまからすると、何も言わなくても必要なときには必要なものが必要な場所にあること。少し話がしたいなと思ったときには、タイミングよくほどよい距離感でほどよい時間だけ話ができること。このようなことが「なんだか心地よかった」につながります。

さりげなく行動するためには、お客さまのことを**愛を持ってよく観察する**ことが必要不可欠です。「さりげなさ」は相手への愛なしには成立しません。


「さりげなさ」は普段の生活から取り入れることができます。

例えば、友人と一緒にカフェでランチをしているときに、友人の目がふと左右に動いたのを見て取れたら、チャンスです。きっと「必要な何か」を探しているのですよね。胡椒をかけたいと思ったのかもしれない、そうあなたが感じたのなら、さっと近くに胡椒を置いてみる。

たったこれだけの行動です。これだけの行動で「わぁ、なんでわかったの？ありがとう」と感じてもらえるはずなのです。そのためには意識しなくても、常に全体を見渡している、俯瞰して見ることを習慣づけることも必要です。

「私はあなたのためにこんなことをしましたよ」「どうですか？　すごいでしょ？」「気づいてほしい！」

このような気持ちが態度や言葉の端々に見え隠れしてしまったら、すべてが台無しです。間違ってもこんなふうに思わないようにしましょう。

あくまでもさりげなく。**お客さまが帰られた後に「あら？　そういえば」とお気づきになるくらいの「さりげなさ」**。その感覚が実はとても気持ちのよいものなのです。

Elegance Mind

「なんだか心地よい」を目指す

6

心が透けてしまう余計な一文字

何か思いがけないことを頼まれたとき、どのようにお答えしていますか？

つい、**「あ、はい」**と受け答えしてしまっていませんか？

このたったひと言の「あ」からでも、あなたの心が透けて見えてしまいます。

そして、このような返事をしてしまうときには**必ず表情にも何かしらの「あ」が出てしまっています。**

例えば、あなたがホテルのフロントで、「こちらのスーツケースをチェックアウトまで預かっていただけますか？」とお願いをしたときに、「あ〜、承知しました」とスタッフのかたから返ってきたら、どのように感じますか？

まず、印象はよくありませんよね。そして「何か問題があるかしら？」と、不快感や不信感を抱いてしまうかもしれません。

Elegance Mind

「あ」は封印する

私も常に意識をしているつもりでいましたが、一度だけPrincipalのお申し出に「あ、はい」と言ってしまったことがあります。普段は決して口にすることがありませんので、お客さまも「あら？」と思ったのかもしれません。

今でもハッキリ覚えています。すぐにお付きのかたに「山崎さん、疲れているよね、ごめんね。大丈夫ですよ。僕たちでできますから」と気を遣わせてしまったのです。それほどにも「あ」は危険なひと言です。

確かにこのときの私は極度の疲労感で完全にキャパシティがオーバーしていました。きっと顔にも出てしまっていたのでしょう。

幸運にも何度もご一緒しているお客さまだったため、クレームにつながることはありませんでしたが、シチュエーションが違っていたら、このたったひと言で、信頼を失うこともあるのです。

7

品格を下げてしまう意外な言葉

「すみません」

どんなシーンでも使えるとても便利な言葉です。

しかし、謝るときだけでなく、感謝の気持ちを伝えるときや呼びかけるときなどでも、つい気にせずに、いつも使ってしまっていませんか？

実は、私はほとんど「すみません」を使いません。使わないことに自分で気づいたのではなく、あるかたが教えてくださいました。

以前、レストランでスタッフのかたが私たちにご挨拶に来てくださったときに、同席していた友人に向かって、

「ほとんどのかたがお食事をお持ちしても何をしても『すみません』とおっしゃるなか、山崎さんは必ず『ありがとうございます』とおっしゃってくださるのですよ。やはり『すみません』と言っていただくより、『ありがとうございます』

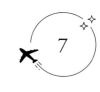

とおっしゃっていただいたほうが数倍うれしいです。ありがとうございます」

このように話してくださいました。

Elegance Mind

「すみません」を封印する

「すみません」は確かに便利な言葉ですが、逆にどんな意味にも取れてしまいますので、意識して使わないようにする必要があります。

感謝の気持ちをお伝えするときは「ありがとうございます」。

謝るときには「申し訳ございません」。

そしてお願いするときには「お願いできますか?」など。

「すみません」の代わりに、言葉を口にする瞬間のあなたの気持ちを的確に表わす言葉を使ってみてください。

そのほうが数倍も数十倍も相手のかたに気持ちが伝わります。

8

元ザ・リッツ・カールトンのホテルマンに感動された簡単な行ない

「100社以上、会社を訪問していますが初めてです。感動しました!」

CAとしてはお客さまのご搭乗の時刻前にすべての準備や作業を終え、ボーディングの時刻にはきちんと定位置でお迎えするのが基本です。**「お客さまを丁寧にお迎えする」**。それは仕事が違っても同じではないでしょうか。

冒頭の言葉は、元ザ・リッツ・カールトンのホテルマンのかたからいただきました。感動してくださったのは、私の香りのアトリエにお越しいただいたときに、きちんとお迎えをしたからでした。

それは私からすると、ごくごく当たり前のことをしているだけです。CAの仕事と同じように、アトリエにお客さまがお越しくださるときにも、お約束の10分ほど前には入り口にいるようにしているだけのことです。

エレベーターが上がってくるのが見える位置にスタンバイし、アトリエのある3階に止まる前にお迎えのために立ってお待ちしているのです（この際のポイントは、お客さまが圧迫感を感じない距離と場所にいることです）。

「10分前」の理由は、初めてお越しいただくお客さまは、何分前にお見えになるかわからないからです。5分前かもしれませんし、お約束の時刻ピッタリかもしれません。さすがにビジネスミーティングで15分も30分も早くお見えになるかたはいらっしゃいませんし、早くなるようでしたら必ず連絡をくださるはずです。

さらに、そのかたが2度目にお越しになったときには、「1度目の来社の時刻からして、そろそろお見えになる頃」だと思い、エレベーターを1階に降ろしたところ、お客さまがちょうど1階のエレベーター前に着いたときにエレベーターのドアが開いたそうで、「何ということだ」と大変感激してくださいました。

このエピソードは数年経った今でも、「心に残る瞬間でした」とおっしゃってくださいます。

もちろんエレベーターを1階に降ろした私は、そこまでぴったりに想像できていたわけではありません。

私の行動は小さなビルだからこそできることだとは思います。

しかし「約束の時刻」にお迎えすることは、どこでもどなたでもできる簡単なことではないでしょうか。

誰もしていないからこそ、記憶に残るチャンスかもしれません。

Elegance Mind

約束の時刻に当たり前のことを行動に移す

9

日本の美「ＯＪＩＧＩ」

「こんなに美しいお辞儀をする人、見たことがありません」

飛行機の横でお客さまをお迎えするときの私のお辞儀を見ていた他社のプライベートジェットＣＡのかたが、「お辞儀を見て目頭が熱くなったのは、あのときだけかもしれません」と、後日、冒頭のメッセージとともにメールをくださいました。

「どれくらいお辞儀に心を込めているか」、きっとその差ではないでしょうか。

誰でもお辞儀をすることはできます。ですが、お辞儀で感動していただくことはできますか？

「ようこそお越しくださいました。お久しぶりでございます。ご滞在先はいかがでしたでしょうか。お目にかかれて光栄です。楽しいフライトになりますように」など、目の前にバスや車でいらっしゃるお客さまに、たくさんのメッセージを込めてお迎えのお辞儀、一礼をしています。

まだお車のなかにいらっしゃるお客さまに向けて、このようなお辞儀をしているのです。

そう考えたなら、ただペコっと頭を下げるだけのお辞儀には心がまったくこもっておらず、感動につながることなどないことはおわかりいただけるのではないでしょうか。

「おもてなしの心」をもってすれば、お辞儀ひとつでも感動していただくことは可能なのです。

Elegance Mind

お辞儀に心を込める

第5章

プライベートジェットCA流
護身術

1

お客さまを守るための険しき訓練

「金具をちゃんと留めて！」

CAの最も重要な仕事が「保安要員」としてお客さまの安全を守ることであるのは、エアラインもプライベートジェットも同じです。

ヨーロッパ国籍の飛行機に乗務するときにはＥＡＳＡ（European Aviation Safety Agency＝欧州航空安全機関）の訓練、アメリカ国籍の飛行機に乗務するためには、ＦＡＡ（Federal Aviation Administration＝連邦航空局）の訓練を受け、パスする必要があります。

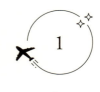

アメリカ・ジョージア州サバンナに初期訓練を受けに行ったときに、エアラインとの訓練の設備の違いに驚きました。とても本格的なのです。

例えば、Ditching（緊急着水）訓練のときには、なんとプールに設営された実物と同じサイズの模型の飛行機がだんだんと水のなかに沈んでいき、足元から徐々に水が上がってきます。
その状態でも私たちＣＡは「大丈夫、落ち着いて」「まだ座っていて」と指示し、お客さまをコントロールしなくてはいけません。訓練とはいえ実際にその状況を体験したことで、「相当怖いから、お客さまは落ち着いてなんていられないだろう」と悟り、お客さまに落ち着いていただくためにはどのようにすればいいのかも学びます。

他にも、ライフラフト（救命ボート）に乗り移り、完全に飛行機から離れ、安全なところで救出を待つ訓練も行ないます。その前に、常に海が穏やかとは限りませんよね。飛行機から取り出したライフラフトを海に投げて広げたときに、風や波でひっくり返ってしまうことがあるかもしれません。訓練では実際にひっくり返ったライフラフトをたったひとりで元に戻し、お客さまが乗り込めるようにする訓練も行ないます。そのライフラフトの重いこと重いこと。訓練を受けてコツをつかんでいなければ絶対に元に戻すことはできないでしょう。しかも飛行機にＣＡはひとりしかいない場合が多いのです。

さらには、フレアー（信号弾）やシーマーカー（海面着色剤）などを使い、無事、ヘリコプターに見つけてもらえたことを前提とした訓練。風が吹き荒れ雨が降りつける設定のなか、ヘリコプターから降ろされた吊り上げの器具に自分のカラダを固定し、吊り上げられる練習もします。

スイス・チューリッヒでの訓練では、洋服を着たまま25メートルを泳ぐ訓練もありました。

EASA・FAAどちらの訓練も、かなり実際に近い状況下で行なわれます。それはすべてお客さまの命を守るためなのです。

Personal Safety Skills

お客さまの命を守れるのは、私しかいないという覚悟

2

医師による迫真の演技から学ぶ救急救命訓練

お客さまの命を守るために私たちは非常救難訓練だけでなく、体調が悪くなったときなどに対応するための救急救命訓練も受けています。

スイスで受けた実技訓練が本格的で衝撃的でした。会場をプライベートジェットの機内に見立て、呼ばれた人からCrew役として参加します。病人のお客さま役はお医者さまでもある先生がたです。

例えば、突然胸を押さえて座席から通路に倒れ込む。実際のお医者さまによるあまりの迫真の演技に、初めて訓練に参加したときには「本当に具合が悪くなってしまったのではないか」と心配になったほどです。しかもこのロールプレイング、処置が正しくないと先生は回復してくださらないので、症状を見て正しい病名を導き出し適切な処置をする必要があります。

また機内のプロシージャー（手順）にもきちんとのっとり、パイロットと正しいコミュニケーションが取れないと着陸まで進むことができません。

このような実践的な訓練は医療従事者ではない私にとっては、一つひとつの症状を目で見て対処方法を学ぶことができる貴重な時間でした。実際にその病気の症状に触れることができるのは座学と大きく違うと再認識しています。

そしてさすが外国のかたは演技力がすごすぎて、訓練中には笑い声も聞かれることもあり、ただずっと緊迫しているわけではない、そんな学びの場の雰囲気も素敵だなと思いました。

Personal Safety Skills

ＡＥＤをきちんと使えるようにしておこう

皆さまもぜひ、日本でも設置が増えたＡＥＤ（自動体外式除細動器）を使えるようにしておいてください。ＡＥＤは、電源を入れると機械が指示してくれますので、まわりの方々と力を合わせ救急救命士が到着するまでの間、ＡＥＤに従っていれば大丈夫なのです。躊躇せず、ぜひ手を差し伸べてください。

3

3階より上に泊まってはいけません

ホテルのお部屋を選べるとしたら、なんとなく高層階がいいと思ってしまいませんか？　それは私だけでしょうか。

アメリカで受講するFlight Safetyの訓練では、宿泊先での行動についても学びます。そのひとつに「ホテルの部屋は下層階・3階より下に泊まるように」と教えられるのですが、なぜだかわかりますか？

それは**「ホテルで火災が起こったときに消防車やはしご車が部屋まで届かない可能性があるため」**です（もちろん、国や地域、ホテルの立地、はしご車の種類、そしてヘリポートの有無も関係してきますが）。

私はこの訓練でお話を伺うまでそのようなことを考えたことがなく、訓練を受けていた他のCAの方々と顔を見合わせた記憶があります。

常に3階より下の階に泊まれるわけではないと思いますが、リスクがあることをきちんと把握しているだけでも、緊急時の行動は変わってきます。
その他にもホテルで実行している安全面に対しての行動があります。

・チェックイン後に大きな声でパイロットと部屋番号を交換しない

「私の部屋は３２５よ、じゃあ1時間後の17時にロビー集合ね」なんて大声で話すのは、部屋と不在の時間を知らせてしまっているのと同じです。

・絶対に手荷物から目を離さない

盗まれてしまうのはもちろん、何かを入れられてしまわないためにも、目を離さないようにしています。

・お部屋に入る前には、なかに誰もいないか確認してから入る

訓練ではパイロットにチェックしてもらうように言われますが、実際にはなかなか難しいです。しかし、韓国ソウルでは、チェックインをしてから一度外出し、お部屋に戻ったら、タバコのにおいがしたなんてこともありました。

・お部屋に入ったら必ず、非常口の場所とお部屋との位置関係を把握する

できれば、実際に歩いて何歩くらいでたどり着けるのか確認しておきます。

・お部屋を離れる際にはローカル言語のテレビチャンネルをつけっぱなしにする

エコじゃないと思われるかもしれませんが、海外で狙われてしまうのは残念ながら外国人が多いので、日本語のテレビをつけて自ら「日本人＝外国人」であることをアピールしないようにするのも身を守る術のひとつです。

・部屋番号が書かれているホルダーやルームキーはレストラン・ジムなど、人の目に触れやすい、盗まれやすい施設に放置しない

朝食時など、ついテーブルの上に置きっぱなしにしていませんか？

・外出するときにはルームキーと部屋番号が書かれているホルダーを別々に持つ

落としてしまったときのことを考えた安全策です。

ぜひ、これからのあなたの安全を守る行動の参考にしてくださいね。

Personal Safety Skills

自分の行動に対するリスクを把握しておく

4

ドラキュラ城と犬の牙

「野犬に気をつけて」

アメリカ人のお客さまとのフライトで、ルーマニアの首都・ブカレストに行った際、数日間滞在することができましたので、ドラキュラ居城のモデルとなったブラン城まで観光に行ってきました。通常ですとひとりでは動かずになるべくパイロットと一緒に行動するのですが、ヨーロッパ内で滞在日数が割とあったため、スイス人のパイロットたちは自宅に戻ってしまったのです。

あまり知られていないかもしれないルーマニア。どこにあるかご存じですか？東ヨーロッパにあり、北側はウクライナ、そして南側はローズで有名なブルガリアと国境を接している国です。

滞在先の予定はお客さまのスケジュール変更に備え、たとえ1週間あるとしても現地に行ってから決めるようにしています。ブカレストでもケータリングの準備を終え、時間に余裕があったので、大好きなヨーロッパのお城を見にブラン城まで行こうと計画を練りました。車で片道2・5時間ほど、あまり治安がよくないと聞いていたので安全面を考え、日本人のかたが運営しているプライベートツアーに申し込みました。

初めて訪れる外地で、日本語で案内していただけるほど、心強いものはありません。ひとりでのブカレストの安全な過ごし方などもレクチャーしていただきました。

そのうちのひとつが、**「街はひとりで歩かないほうがよい」**という点です。その理由、何だと思いますか？　それは**「街中に野犬が本当に多い」**から。さらには「野犬に噛まれたことで狂犬病になってしまい、亡くなった日本人のかたもいらっしゃる」と教えてくださいます。

それにもかかわらず、「野犬」と聞いてもピンとこなかった私は、翌日「ホテルから3分くらいだから大丈夫でしょう」と油断し、1ブロック先のスーパーマーケットまで買い物に行ってしまいました。

するとあっという間に3匹の野犬に囲まれてしまったのです。そしてもう1匹、遠くからこちらを狙って向かってくるのが見えます。恐怖で声も出ずに固まってしまっていると、すぐにそれに気づいた年配のご婦人が、ご自身のバッグをビュンビュンと大きく振りまわしながら出てきて追い払ってくださったのです。

あのときの恐怖は今でも忘れられません。マダムが出てきてくださらなかったら、どうなっていたことでしょう。

海外では自分の身は自分で守るしかありません、ひとりならなおさらのことです。私の身に何かあったらお客さまはもちろんのこと、大勢のかたに迷惑をおかけすることになってしまいます。

いただいたアドバイスにはきちんと従うべきだったと猛省した出来事です。

Personal Safety Skills

「これくらいは大丈夫」が海外では命取りに

5

街中でのセルフディフェンス

海外に行くと「水」ひとつとっても日本とはいろいろと勝手が違います。日本と同じような感覚で水道水を飲んでしまったり、生ものを口にしてしまったりすると、体調を壊してしまうことがあるのはご存じの通りかもしれません。例えば、東南アジアやアフリカ諸国のお水問題。フライトで行ったときには念には念を入れ、生の野菜や氷の入った飲みものも口にしないようにしています。

また残念なことに、場所によっては一度開けたペットボトルに中身を補充するなんてことも起きてしまうため、スイス人のパイロットは自分が安全と感じられないところでは**「コーラの缶を開けないで持って来て」**と頼みます。缶でしたら開けたらすぐにわかりますものね。

またベラルーシ共和国に行った際には、お客さまが不安を感じていらっしゃったため、帰りの機内のお食事はすべて日本から持参したりもしました。

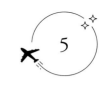

予防接種が必要な国、ケニアにフライトした際には黄熱病の予防注射もしましたし、念のため、抗マラリア薬も処方していただき内服していました。

ですが面白いことに、そのとき一緒にフライトをしたヨーロッパ人のCrew 3名はまったく気にしておらず、誰ひとりとして薬を飲んでいませんでした。住む場所が違えば、考え方や価値観も違ってくるものですね。

その他、海外では世界中どこでも街中を歩くときには、ひったくりに遭わないように**「カバンは車道とは反対側に持つ」**ようにしています。

エアラインで働いていたときには「先日パリでひったくりに遭った事例」など、最新の情報を出発前のブリーフィングのときにマネージャーがシェアしてくださり、注意喚起をしてくれていましたが、プライベートジェット業界に入った今では自分自身でリマインドするしかありません。

運悪くひったくりに遭ってしまったときには、「必ず手を離す」のが鉄則です。手を離さなかったために引きずられてしまい、大怪我になってしまうこともあるからです。

Personal Safety Skills

気を緩めない。一瞬のスキもつくらない

私も一度だけ、ベトナム・ホーチミンの街を歩いているときにひったくりに遭ったことがあります。一瞬のスキを狙われてしまいました。横断歩道を渡り、歩く方向が変わったので車道側から持ち替えようとしたその瞬間、スクーターに乗った2人組にバッグを持って行かれてしまったのです。

さてこのとき、どうしなければいけなかったのでしょうか？

そうです。あきらめて「手を離すこと」です。頭ではわかっていてもとっさに握り締め、持って行かれまいと強く引っ張り返してしまいました。

そのときは運よく、持っていたバッグが現地で購入した持ち手が籐のものでしたので、両方向に引っ張られた衝撃で、なんと持ち手が割れバッグ本体は道に落ちてくれたのです。バッグも無事、私自身も怪我をせずに済みました。

そして2人組はバッグの持ち手だけを持って逃げて行きました。

第6章

プライベートジェットCA流学ぶ技術

1

できるようになったら危険サイン

お客さまが笑顔でハッピーに「またね」と飛行機をお降りくださったとしても、完璧なフライトなど存在しないと思っています。

ご満足いただけたフライトだったとしても、**必ずさらによくするためのヒントがあちらこちらに隠れているの**です。それは、小さなことかもしれませんし、改善してもお客さまはお気づきにならないことかもしれませんが、必ずあります。

そのために、「ここをこうしたらもっとお客さまに喜んでいただけたのではないか」と常に考えるクセをつけています。

さらには、一緒に飛ぶパイロット、ケータリングをお願いしたレストランのかた、フライトを支えてくださるFBOのかた、そして一緒にサービスをする同乗のCAからも常に学びを得ています。

プライベートジェットのCAはひとりで飛ぶことが多いため、誰かと一緒に飛ぶことができるときはお互いに学べる貴重なチャンスです。

例えば私は、洋食の盛り付けの最後にレストランから提供されるガーニッシュ（付け合わせ）がないときや、見た目が少し寂しいと感じたときなどは、ブラックペッパーをガリガリとお皿に散らすことがあります。

このアイデアを持っていなかったイギリス人のCAは、「簡単なのにすごいわね。今度から真似するわ！」とたいそう感心してくれ、早速次のフライトのお料理に取り入れたと、写真を送ってくれました。

よいところはよいとすぐに学び、身につけることが成長につながります。

「私はできている」と思ってしまったら、それ以上に成長することはできませんものね。成長しないCAにお客さまはついてきてくださいません。

The Art of Learning

常に学ぶ姿勢を持つ

2

スイス人CAからカーテシーとリスペクトを学ぶ

「ここから先はシューズを脱いでください」

中東の国・サウジアラビアに到着し、着陸後に機内に入ってきた入国係官に対してお願いした言葉です。

するとどうでしょう。係官はまるでマンガのように目を丸くした後で、「OK」と靴を脱いでCBNに入ってきてくださいました。

私が乗務していたいくつかの飛行機のポリシーのひとつに「CBNは土足厳禁」があります。プライベートジェットには、飛行機を所有する会社やオーナー、それぞれの意向でいろいろなポリシーがあります。

そのときの私はなんの気なしにお伝えしただけだったのですが、お客さまが降機した後、スイス人のCAに「中東では男性が女性から指示を受けることはほとんどないから、彼はびっくりしていていたのよ」と教えてもらいました。無知ほど怖いものはありませんね。イスラム諸国のなかでも戒律遵守の風潮が強く、まだまだいろいろな制限が残るサウジアラビア。お肌や髪の露出を防ぐためのアバヤは持参していましたが、**表面的なことだけでなく、しっかりと文化の違いを知る**ことも大切だと心に刻むことになった出来事でした。

彼女は内心、私が係官にお願いしているのを聞いたとき、「よく靴を脱いでくれたな」と驚いていたそうです。それもこれも、もしかしたら私が日本人（外国人）だったからこそ大目に見てくださったのかもしれません。

そんな彼女とのフライトは学ぶことばかりでした。あるときは彼女のお客さまだったのですが、フライト準備中に「ご搭乗時にはカーテシーでお迎えしているの」と事前に教えてくれました。

「カーテシー」をご存じですか？

主にヨーロッパで女性のみが敬意を込めて行なう「片足を後ろに下げ、膝を曲げてするお辞儀」のことです。

英国王室の女性メンバーなどがご挨拶するのをテレビなどで見かけたことはあ

りましたが、実際に目の前で「カーテシー」を見たのはこのときが初めてでした
し、もちろん自分がする機会も今までありませんでした。やり方を教えてもらい
ましたが、簡単そうに見えるのに何とも難しく、彼女のようにエレガントにはで
きません。

念のため「私はどのようにご挨拶したらいいかしら」と確認すると、「Mitsuko
は日本人なのだからカーテシーでお迎えする必要はないわ。ぜひ日本のお辞儀で
お迎えして差し上げて。そのほうが彼らも喜ぶと思うから」と、自分のお客さま
だからといって自分のやり方を押し付けるのではなく、「日本人」であることを
尊重したアドバイスをしてくれました。

お客さまに対してだけでなく、一緒に働くCrewに対しても尊重する気持ちを
持つ彼女とお話しされているお客さまの終始穏やかな笑顔と安心しきっていらっ
しゃる姿は今でも目に浮かびます。

さらに彼女はフライト中にお客さまのご用件を伺うときには「すっと片膝をつ
いて」話を聞きます。

その姿がとても凛として本当に美しく、今では私のサービススタンダードのひ

とつとして取り入れています。

このように国籍の違うＣＡと一緒に飛ぶことは、私にとって生きた他文化を学べる貴重な機会です。

逆にそんな彼女に褒められたことといえば、「機内の美しさ」です。10年前にも同じ飛行機で飛んだことがあった彼女は、「整理整頓されているし、細かいところまで丁寧に掃除が行き届いていて、10年経っても新品のままの飛行機みたいにきれいだなんて信じられない」と驚いてくれました。機内をいかに美しく保つかもＣＡの仕事のひとつですので、これほどうれしい言葉はありません。

フライトは一期一会だと思っています。**その瞬間にしか学べないことばかり**だからこそ、お互いの違いを学び、受け入れて尊重することを大切にしています。

The Art of Learning

人との違いを尊重する

3

さすがニューヨークの人気レストラン

「お刺身用にお使いください」

ニューヨークの和食レストランに3度目に機内食をお願いしたとき、「本わさび」を用意してくださいました。

しかもこちらの本わさびは、レストランが特別に輸入許可を取得しているわさび。そちらから1本分けてくださったのです。

海外からお帰りになる飛行機のなかで「本わさび」をお客さまにサービスできるだけでもうれしいことなのに、さらに支配人は機内に「金卸し」がないことも予測し、「今後も長いお付き合いになると思いますので、ぜひ機内に置いてお使いください」と一緒に渡してくださいました。

そして「お客さまの目の前で卸すといいかもしれません」と、提供方法もご提案いただきましたので実践したところ、お客さまから「香りからして全然違う！」

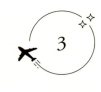

と大変ご好評でした。

レストランの支配人は、**サービスする私に対してももちろんですが、その先のお客さまの笑顔のことまでを考えてくださいます。**それも決して押し付けるような言い方ではなく、「あくまでも私的なご提案です」というスタンスがとても心地よいかたです。


お願いした機内食のピックアップには私自身が行ったり、ＦＢＯのかたにお願いしたり、レストランのかたに空港まで持って来ていただいたりと、そのときの状況に合わせていろいろな方法をとっています。

レストランがあるマンハッタンから、飛行機を駐機しているニュージャージー州ティーターボロ空港までは1時間ほどかかり、Crewがピックアップに行こうとすると時間的に難しいときは、レストランの支配人が信頼しているハイヤーでお食事だけを空港に送っていただいていました。

今では当たり前のように行なっていますが、思い返せばレストランからお食事だけを車で運ぶ方法を教えてくださったのは支配人だったかもしれません。

その際にも私が不安にならないように、「発泡スチロールを何箱、中身は会席料理です。段ボールを何箱、中身は松花堂弁当です。そしてメニュー用紙が入った紙袋をひとつ、写真のように入れてあります」と、とても丁寧に写真付きでメールで送ってくださいます。

ニューヨークと東京、連絡を取るには時差が難しいですが、毎回支配人が丁寧に対応してくださるおかげで、トラブルが発生したことは一度もありません。前回ニューヨークにフライトした際、支配人にご挨拶に伺おうとご連絡を差し上げましたが、ご定年でその春に引退されており、お目にかかることができなかったことが心残りです。

どんな状況でも、どれだけ相手のことを想像し仕事ができるかで、相手のかたのパフォーマンスが大きく変わることを教えていただきました。

The Art of Learning

相手の状況を想像する

4

中国人ＣＡの音なき音に驚く

ＪＡＬの新人訓練のときから「音」について常に注意するように心に刻み込まれます。

例えば「カーテンを閉める音」「ドアを閉める音」「カートをしまう音」「ものを置く音」「足音」、そして「Crew 同士の話し声」など。

機内は常にエンジンの大きな音が鳴り響いていますし、お客さまはイヤフォンを使っていることが多く、ＣＡが話しかけても「え？」と聞き返されてしまうことも多々あります。

それでも機内で作業するときの「音」には細心の注意を払います。

エアラインより空間が狭くエンジン音が小さいプライベートジェットでは、ＧＬＹとＣＢＮがドアで区切られてはいても、さらに気を配ります。

しかし、私は気をつけていた「つもり」だっただけかもしれません。中国人の

CAと飛ぶまでは……。

彼女の飛行機のレイアウトはGLYのすぐ後ろにお客さまの座席があり、仕切っているのはカーテンだけ。私は飛行機に入った瞬間に「わ、大変だわ」と思ってしまったのですが、彼女からは本当に音がしなかったのです。カーテンを開け閉めする音、グラスをしまう音、彼女が細心の注意を払っているのが感じ取れますし、**「音がしない」彼女の所作はとても丁寧**です。

いかに自分が、「ドアで区切られているからこれくらいの音なら大丈夫」という残念な意識のもとで作業をしていたのかに気づくことができました。

普段の生活でも、小さなことにどれだけ意識を向けることができるかで、あなたの印象に大きな差が出てくるのです。品格は「音」にも現われるのです。

The Art of Learning

できている「つもり」は卒業

5

ワイン本体は徹底して管理しても……

ありがたいことにプライベートジェットのCBNにはワインクーラーが備え付けられていますので、ディスプレイの意味も含めフライト中はこちらに何本かはワインを入れるようにしています。

ただここで問題が。当たり前ですがワインクーラーを稼働させておくためには、電源が入っていないといけませんよね。例えばレストランで、営業後にワインセラーのコンセントを抜いて帰る、なんてことはしないと思います。そんなことをしてしまったらクーラーの意味がありません。

つまり飛行機に備え付けられているワインクーラーを常に稼働させ、ワインを適温に冷やしておくためには、常に飛行機自体のパワーが入っている必要があるのです。

おわかりですね。飛行機のパワーがオンになるのは資格を持ったパイロットが電源を入れたときだけ、つまりフライトのときだけなのです。もちろんメンテナンスのときに整備士のかたがパワーをオンにすることはできます。

結果、寒冷地にＳＴＡＹすると機内の温度は氷点下、機内に残置したワインも氷点下で保管されていることになりますし、常夏の島にＳＴＡＹしたときには、30度のワインセラーのなかに入れているのと同じで、ワインにとって過酷な状況になります。

このようなことを避けるため、高価なワインやお客さまが持参したワインは到着地のＦＢＯの施設で保管していただいたり（保管の温度や保管場所も指定することができます）、私がホテルまで持って行きお部屋で保管したり、ホテルに保管してもらったりしています。

ところがそのように愛を込めて、大切に大切に取り扱ったお客さまの高級赤ワインをご搭乗後、離陸前にサービスしたとき、

「このワインぬるいよ、というかワイングラスがぬるいんだよ」

とご指摘をいただいてしまいました。

お食事の温度はもちろん、高度5万1千フィートでは機内に搭載している器やグラスは冷たくなってしまいますので、温めてお出しするようにしているのに、ワインのグラスの温度についてはは完全に抜け落ちていました。

気にかけなくてはいけないのは、ワインだけでなくワイングラスも同じでした。どんなに中身がよくても器の手入れがきちんと行き届いていなければ、お客さまに100%ご満足いただくのは不可能です。

ワインに限ったことではありません、**素晴らしいおもてなしの心を持っていても、それを表現する器や道具・外側も整っていなければ伝わることはありません。**

プライベートジェットという名前だけで、実際に飛行機に乗ってみたら、手入れが行き届いておらずがっかりした、なんてことがあってはいけませんものね。

The Art of Learning

内側と外側、両方磨いてこそ

6

魅力的な女性は褒め上手

「あなたのそのサンダルかわいい！　どちらの？」

パリの公共交通機関で正面に座った女性が私のサンダルを見て褒めてくださいました。

また、ホノルルのホテルのエレベーターに乗り合わせた際に、「お持ちのバッグ、素敵ね」などとご挨拶がわりに声をかけてくださったかたもいます。シチェーションによらず海外の素敵な女性は褒めるのがとても上手だと思います。

褒められるとやっぱりうれしいですよね。

ついつい相手の悪いところに目が行きがちで、そちらに気を取られてよいところが見つけられないなんて、もったいない！　ぜひ褒め上手になりましょう。

ここで、私が意識している褒め方のポイントをお伝えします。

【褒め方のポイント１：初対面では表面を褒める】

例えば海外の女性が見知らぬ私にしてくださるように、「素敵なお洋服ですね」「かわいいネイルですね」など、ぱっと見て気がついた点を褒めています。

【褒め方のポイント２：親しくなるには内面を褒める】

関係を深めていくには、表面だけを褒めるのではなく、相手の内面や価値観をしっかり観察して褒めるのがポイントです。ずっと表面的なことばかり褒めていると、空々しさを感じさせてしまいますので注意が必要です。

【褒め方のポイント３：具体的に褒める】

「素敵ですね」「おきれいですね」など、漠然とした褒め方では気持ちは伝わりません。ぜひ、「何が」「どのように」素敵だと感じたのかを伝えてみてください。ためらわずに「言葉にして伝える」のがポイントです。

The Art of Learning

人のよいところを見つけるクセを身につける

第7章

最高の私へ
——今日からできる小さな習慣

1

いつも後ろを、誰にでも

「もしフライトで事故に遭ってしまったら、あなたの部屋に入るのは残念ながらあなたではありません。そのようなときに恥ずかしくないように、いつもフライトに出るときには部屋を片付けて出かけなさい」

ＪＡＬの新人訓練で教官に言われた言葉です。この言葉は20年以上経った今でも、同期が皆覚えているほど当時の私たちの心を打ちました。

「大丈夫かしら？　恥ずかしくないかしら」と、それ以来いつも、フライトでないときでも「確認のために振り返ってしまうわよね」と話すほどです。

そこで、振り返るおすすめのシーンをあげます。

① **もちろん自宅**

② **ホテルや旅館などの宿泊先**：チェックインしたときと同じように、とは言いませんが、使ったものは元の位置に戻しましたか？　ベッドリネンは軽く整え

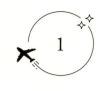

ましたか？　パウダールームのタオル類は軽く畳んでまとめましたか？

③**お化粧室**：トイレットペーパーはだらっと垂れ下がっていませんか？　シンクまわりに髪の毛が落ちていたり、水でびしょびしょになっていませんか？

④**レストランやカフェ**：椅子は戻しましたか？　テーブルの上は美しいですか？

⑤**入り口**：ドアを開けて手を離す前、どなたもいないことを確認しましたか？

⑥**飛行機を降りるとき**：座席は散らかっていませんか？　ゴミ、毛布、シートベルトが無造作に置かれていませんか？

ここで紹介した以外にも、振り返ると美しく魅せることができるシーンはたくさんあります。常日頃から考えてみてください。「誰も見ていないから」「誰かが片付けてくれるから」という意識はもう卒業しましょう。

Gracense Mind

立つ鳥跡を濁さず

2

ガラスも磨けば宝石に

あなたはお店などで質問するとき、どのような言葉を使って聞いていますか？意識したことありますか？

言葉の「選びかた」、そして「言いかた」ひとつで「伝わりかた」、相手のかたが持つ印象は変わります。

例えばお店で、「チーズケーキがあるかないか」を確認したいとき、A子さんは「このチーズケーキ、もうないんですか？」と聞きました。一方、B子さんは「こちらのチーズケーキはまだありますか？」と尋ねました。

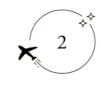

どちらの聞きかたのほうが好感を持たれるでしょうか。間違いなくB子さんです。聞いていることは同じですが、言葉の「選びかた」ひとつで印象はずいぶんと変わりますよね。

A子さんのように唐突に強い口調で聞かれると、スタッフのかたもビックリしてしまいますし、聞きかたも自己中心的です。「あるのが当たり前」という大前提で確認しているようにも受け取れます。

Ｂ子さんの尋ねかただと「まだあったらうれしいのですが」という添え言葉が聞こえてくるような気がしませんか？

このように普段の何気ない言葉や表情、態度にあなたの人柄が表われます。

お店のかたがどう感じるかまで考えることができる「お客さま力」。

これは「人間力」と言い換えることもできるかもしれません。

これからは間違いなく「お客さま力」によって自分が受けられるサービスが変わってくる時代になります。「お客さま力」は「おもてなしの心」を身につけることで自然とそして確実にアップします。

Gracense Mind

「お客さま力」を磨く

3

ハサミで美しく

皆さま、オンラインでのショッピングをされていると思います。では、ご自宅に届いた段ボールやお手紙をどのように開けていますか？

今では開けやすいようにいろいろな工夫がされている梱包材もありますが、まさか手でビリビリ・バリバリと開けていらっしゃいませんよね。

手で開けた後の段ボールやお手紙は決して美しいとは言えませんので、ぜひ、ハサミなどの道具を使うようにしてください。ハサミモードとハコアケモードが一緒になった2WAYのハサミなどがひとつあると便利です。

これはお菓子類を開けるときも同じです。手で開けやすいように切り込みが入っていますが、ぜひハサミを使ってください。

真っ直ぐに切り揃えられた袋とガタガタの袋が置いてあったら、どちらが美し

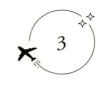

いでしょうか。

プライベートジェットの機内では、いつお客さまの目に触れるかわかりませんので、ものを開けるときには常にハサミを使うようにしています。

もちろん、外出先でハサミがないときは手で開けます。しかし、私は家に帰ってきた後に、開け口をハサミできれいに切り揃えています。

日常の細かいことにも意識を向け続けることが大切です。

Gracense Mind

常にハサミを使う

4

いつもの待ち合わせが、いつもより輝く

待ち合わせをしたとき、あなたは時間ぴったりに着くようにしていますか？ それとも少し早めに到着していますか？

ちなみに私がJALの同期と待ち合わせをするとき、約束時間より5分前程度の到着では、ほとんどの場合、最後に到着する人になってしまいます。新人時代から「Crew に遅刻は絶対にありえない」と叩き込まれていたからでしょう。

それにはお客さまとの「定刻」のお約束があるからです。定刻出発には、グランドスタッフ、整備、清掃、機用品搭載、セキュリティーなどの部門、そしてお客さま、皆さまが協力してくださっています。

エアラインの Crew にはそれぞれのフライトに合わせ、集合時刻が決められており、その集合時刻の前にすべての準備を終わらせ、15分前にはデスクにつくようにしています。そしてブリーフィングを終えたあと、機内準備、コックピット

とのブリーフィングなどすべてを終えた状態で、ボーディング時刻には全員揃ってお客さまをお迎えします。すべての行動は決められた時刻より少し早めに終えるように動いています。

一方、プライベートジェットはその日のフライトや機体の状態を鑑み、その都度パイロットと相談して決めています。

つまり、**「待ち合わせの○分前」という正解はない**のです。

大切なのは、100%の状態でお会いするための時間を確保すること。

その日の天候なども考え、印象ダウンしないように、早めに着いて汗が引くのを待ったり、雨が降っていたらタオルでお洋服を拭いたり、身だしなみを整えたり、お手洗いを済ませたり、することは意外とたくさんあります。

ビジネスでの待ち合わせでは、心の準備をする時間もぜひつくってください。

Gracense Mind

お会いするときに100%の私でいられるようにする

5

採用試験で見るところ

「秘書を採用したいと思っているのだけれど、何を基準に選んだらいい？」

起業家のかたからご相談をいただいたことがあります。そのときに即答でアドバイスさせていただいたのが、「採用の最終決定前に、ぜひ一緒にお食事に行ってみてください」ということです。

どうしてだと思いますか？

滅多にないことですが、プライベートジェットCAの一般採用試験を行なったときにも、書類選考後の説明会の間にランチタイムを挟みました。

私も面接官側として同席したのですが、お箸の使い方はどうかしら？　食べ方は？　まわりのかたとのコミュニケーションの取り方は？　という点を観させていただきました。

面接や説明会のときよりもリラックスされているので、**お食事しているときはそのかたの素の姿を垣間見るチャンス**なのです。つくられていない本質を見ることができます。

プライベートジェットのCrewは、オフィシャルにお客さまからいろいろとご招待いただくことも多く、お食事などをご一緒する機会も数知れません。

そのようなときに、一から学んでいたのでは遅いのです。

例えばお箸の使い方など、どなたも見ていないと思いますか？　持ち方や運び方に自信はありますか？　忌み箸の知識をお持ちでしょうか。日本人として、お箸は美しく持ちたいものですね。

Gracense Mind

お食事を美しくいただくための知識を身につける

6

出会う前から好印象を与える

「お会いしてみたらやっぱり素敵なかただった」

プライベートジェットのCA（CAそれぞれの方法がありますが、私の場合）は機内食をご提供いただくために、渡航先のレストランの方々とフライト前からメールを通して打ち合わせを重ねます。

そこで気づいたことは、**文章にもお人柄や仕事への取り組む姿勢が驚くほど出る**ということです。

例えば、タイ・バンコクの和食レストランのマネージャー。私の細かいリクエストや質問にも、一つひとつ料理長に確認しながらお答えくださっているのが文面からも伝わってきました。実際にお目にかかって最終的な打ち合わせができるのはフライト前日というような状況でも、なんの不安もなくお任せすることができました。

そしていざ、お目にかかったときには、「さらにきめ細かい打ち合わせ」をしてくださいます。

顔を合わせることなく仕事を進める数ヶ月のなかで、信頼関係が出来上がっていることを感じられる瞬間です。

残念ながら、もちろん逆もあります。やり取りをしているなかで、「返信が迅速でない」「伺っていることに対する答えが的確でない」など、不安を感じたときは、お会いしたときも同じように「ああ、やっぱり。違うところにお願いしておけばよかったわ」と感じてしまいます。それは最終的には「お客さまにとって不利益」になってしまいますので、今では事前のやりとりで少しでも不安を感じたときには、躊躇せず、お願いするのをやめることにしています。

SNSが発達している現在では昔以上に、**お会いする前の印象、つまり「第0印象」**がとても大切です。

SNSでどのような言葉を紡いでいるかたなのか、私たちは見えないところで常にジャッジされています。もちろんホームページの写真や文章も第0印象につながります。

例えば、私のホームページに書かれている説明文について、お客さまから「自分の主張や考え方ではなく、見えないお客さまのことを考えて書かれている文章に〝おもてなし〟を感じたので、ぜひお願いしたいと思いました」とうれしいお言葉をいただいたことがあります。

それほどまでに私たちは、会う前の「第0印象」を無意識のうちに大切にしているのです。

「初めまして」の第一印象も大切。しかし、**躊躇なく会っていただける人になるために**、お会いする前の「第0印象」も意識できる人でいたいですね。

Gracense Mind

会う前の印象にも気を配る

7

お礼の気持ちを伝える方法

「ありがとうございます」

これだけでは残念ながら、せっかくの「お礼の気持ち」は相手に届きません。

なぜなら、「ありがとうございます」は感謝の気持ちを伝える、基本中の基本の言葉に過ぎないからです。

ビジネスでもプライベートでも、数多くあるお礼の気持ちを伝えるシーン。

せっかくお伝えするのなら、相手の「心に届く言葉」でお伝えしたいですよね。

そのようなときはこれからご紹介する**「お礼の気持ちを伝える3つの秘訣」**を参考にしてみてください。

①お礼の気持ちを伝えたいと思ったシーンを鮮明に思い浮かべる

例えば、何かをいただいたことのお礼をお伝えするのであれば、「いただいた事実」に対してお礼の言葉を考えるのでなく、その状況を思い浮かべるのです。

お客さまが行きのフライトで私が話した些細な内容を覚えてくださっていて、「山崎さんも好きだとおっしゃっていたので一緒に買ってきました」とお土産をいただいたことがありました。「ステイ先でふと私のことを思い出してくださり、さらにその私のためにも買おうと思ってくださったお気持ちがうれしかった」ということが思い浮かびます。

「あのとき○○だったのがとてもうれしかった。お客さまはこんな表情でこんなお話をされていたわ」など、ぜひ具体的に思い返してみてください。

② 具体的なエピソードを添える

例えば、お花をいただいたお礼を伝えたいのであれば、「昨日は素敵なお花をありがとうございました。娘も大変喜んでおりました」というメールよりも、「昨日は素敵なお花をありがとうございました。いただいたお花を見た途端に娘が『そのお花とってもきれいだね！』と大変喜んでおりました」というメールをいただいたほうが気持ちが伝わりうれしくありませんか？

２つ目のメールはお嬢さまが喜んでいる姿が目に浮かんできます。具体的にかつ端的にエピソードを書き、そこに必ずあなたの気持ちを添えるのがポイントです。だらだら書いてしまうと逆に伝わらなくなってしまいます。

③飾らなくてもよい。自分の言葉で書く

お礼はなるべく早くタイムリーに伝えるのがポイントです。だからといってインターネットに載っている文章をそのまま引用してしまったのでは絶対に気持ちは伝わりません。それでは相手のかたに「お礼を言っていただいたな」という事実だけしか残らないのです。

時間がかかっても、ぜひ自分の言葉でお礼の気持ちを文章で伝えられるようになってください。

Gracense Mind

自分の言葉でお礼の気持ちを伝える

8

観察と仮説の先にある「3つの配り」

魅力がアップする魔法の3つの「配り」をご紹介します。

① 目配り

常に全体に目を行き届かせることで、相手の状態を細かく把握するために欠かせません。

何かの作業をしているときでも、全体を見る必要があります。それには正面だけでなく、背中にも目を持つことです。

見えないものを見る力、それが「目配り」です。例えば、壁に向かって作業をしていたとしても、背中でお客さまを感じることはできますね。

② 気配り

これは、自分の立場に立って行動することです。「私だったらこうするから、こうして差し上げよう」。このように相手を自分に置き換えて、自分だったら次にどのようにするかを考えて行動に移すのが「気配り」です。

③ 心配り

一方、相手の立場に立つのが「心配り」です。相手の心に寄り添うことです。「心配り」は相手の状態をきちんと把握していないと的外れな行動になってしまいます。的外れの行動は、ただのおせっかい、迷惑でしかないのです。

そうならないためにも「観察力」、そして「仮説を立てること」が大切です。そして、「目配り」「気配り」「心配り」をして気づいたとしても、気づいただけ、見ているだけで行動に移さなければ意味がありません。

Gracense Mind

気づいたら行動に移す

9

おもてなしに気づく力

「私、おもてなしをされた経験がありません」というかたはいらっしゃいますか？　それはもしかしたら「おもてなし」をされなかったのではなく、気づいていないだけなのかもしれません。

サービスは主従関係がありますし、そこにお金も介在しますので、ほとんどのかたは「サービスを受けた」という感覚が残ると思います。

一方、おもてなしはあくまでもさりげないもの。だからこそ受ける側にも「気づく感性」が必要になるのです。

例えば、ホテルのロビーに季節のお花を飾ってくださっているのも「おもてなし」です。もし「ホテルにお花があるのが当たり前」と思ってしまったら、感じるものは何もなくなってしまいます。

もっと身近なことで言えば、あなたのお友だちが自宅に招いてお茶を出してくださるのもおもてなし。何も凝ったお食事をつくってくださることだけがおもてなしではないのです。

おもてなしの心は日常のありとあらゆるところに隠れています。

気づくことができるのか、気づかずにそのまま素通りしてしまうのか、日々の過ごし方で差がついてしまいます。

気づけるかたは「さりげない」おもてなしの心に対して、感謝の気持ちを持ったり、表現したりすることができますので、ご自身の印象もどんどんよくなります。

そしてきっと「素敵だわ」と思ったことはどんどん取り入れていくはずです。

Gracense Mind

誰かがしてくれたことに気づく人になる

10

目で会話する

沖縄行きの飛行機のなかで、A子さんとB子さん、2人のCAのかたがお飲み物のサービスをしてくださいました。

どちらも丁寧かつ笑顔で応対をしてくださったのですが、圧倒的にB子さんのほうの印象がよかったのです。いったいどこが違ったのでしょうか。

A子さんはお飲み物を置く前に「日本茶でございます」と、笑顔で目を見て声をかけてくださり、立ち去りました。それに対してB子さんは、笑顔でアイコンタクトを取って、日本茶を置いた後、**さらにもう一度私の目を見て、ニコッとしてから立ち去りました。**

最後のアイコンタクトが明暗を分けたのです。**人に物をお渡しするときはそのかたの「目」を見て、そしてお渡しする「物」に視線を落とし、最後にもう一度**

そのかたの「目」を見る＝アイコンタクトを取ることで、相手のかたによい印象を持っていただけるのです。

アイコンタクトはサービス業においてだけ重要なわけではありません。

オフィスで「おはようございます」と声をかけていただいたら、パソコンでメールをチェックしていたとしても、いったん手を止め、顔を上げ、相手のお顔＝目を見て「おはようございます」と返す。

レストランでオーダーをするときには、メニューに目を落としたままオーダーするのではなく、オーダーを受けてくださるスタッフのかたとアイコンタクトを取りながらオーダーをする。

特にレストランでの振る舞いは、簡単なことなのに実践していないかたが圧倒的に多いので、少し意識するだけで印象が格段にアップするはずです。

Gracense Mind

どんなときにもアイコンタクトを

11

会話泥棒にならない

「そうなんだね！」

自分の話に共感してもらえると会話はより楽しくなりますよね。

友人A子：「先週末、紅葉を観に行ってきたよ」
相手：「私も昨日行ってきた！　そこの紅葉が驚くほどきれいでね。しかもね」

同僚B子：「会社の近所においしそうなお店がオープンしたの知ってる？　今度、同期のC子と……」
相手：「あ、知ってる！　○○でしょ！　この間、D子と行ってきたよ。ピザがおいしくてね。それにね」

この2つの会話、どこが問題か気づきましたか？

一見すると会話が成立しているように見えますが、どちらも相手の話に関心を示すことなく、自分の話に持っていってしまっているのです。

そうです。会話泥棒です。

では、どのように返せばよかったのでしょうか？

例えば、**「そうなんだね！　どこに行ってきたの？」と質問する。**「知っているわよ」という気持ちを一度抑え、**「うん、うん」と相槌を打ち、話の先を促す**など、きちんと耳を傾け、話を続けられるように共感することが大切です。

人は話したかった気持ちを邪魔されると、不快な気持ちになってしまいます。

だからこそ、話を遮ってご自身の話にすり替える会話泥棒にならないように、相手の話にまずは耳を傾けることが、愛される会話術の鍵なのです。

Gracense Mind

話す力より聴く力

12

本気のときは2枚持ち

皆さまが必ずバッグに入れているもの、どのようなものがありますか？お財布にスマートフォン、タオル、ティッシュ、メイク道具、ハンドクリーム、リップクリームなど、いろいろありますよね。

そのなかでも、品格を上げるために注目したいのは「ハンカチ」です。

梅雨が終わりミンミンとセミが勢いよく鳴く夏の暑い日に、お客さまの会社にご挨拶に伺った際、よく冷えたペットボトルのお茶を出してくださいました。「どうぞ」とすすめていただき、手にすると少し水滴がついたのでサッとハンカチをバッグから出してテーブルの下で拭いました。たったこれだけのことですが、お客さまは意外と見ていらっしゃいます。「バッグからサッとハンカチが出てきて、品格を感じました」とおっしゃってくださったのです。

「ハンカチタオル」ではなく、「ハンカチ」を使ったことも好印象につながったそうです。

なぜでしょうか。ハンカチは洗った後にきれいにアイロンを当てるというプラスアルファの作業が伴います。

ひとつの工程、つまり**丁寧さがプラスされていますので、ハンカチを使う＝丁寧に暮らしているという印象**とともに品格を感じていただけたのでしょう。

ハンカチタオルもとても重宝しますが、サッとどなたかにお貸しするようなときは、ぜひハンカチを差し出してみてください。

いつもではなくても構いません。「ここぞのとき」だけでも、ぜひ「ピシッとアイロンを当てたハンカチ」と「ハンカチタオル」の2枚持ちをおすすめします。

Gracense Mind

アイロンのかかったハンカチを持ち歩く

13

裸はNG

・グラスを置くときはテーブルに直に置くのではなく、コースターを添える
・お箸を置くときには箸置きを添える

何事も、ひと手間加える・添えることで、丁寧さや品格を感じていただけます。

持ち物も同じです。以前お店にポケットティッシュを忘れてしまった際に、お店のかたが、「革のティッシュケースに入っていましたので、絶対に山崎さんのお忘れ物だと思いました」とご連絡をくださいました。

ポケットティッシュひとつでも、ひと手間で丁寧な印象をつくれます。

Gracense Mind

どんなものにも「ひと手間」を加える

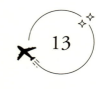

14

シワを最小限に抑える

シャツやジャケット、スカートやワンピースのシワ、どこまで気にかけていますか？

例えば、バッグを肩にかけたり腕にかけていると、素材によってはシャツやジャケットにシワがついてしまいますし、長いこと座っていれば、スカートやパンツにもシワが残ります。

これらは仕方のないことでしょうか。

いいえ、**シワにならないための努力**をするべきでしょう。

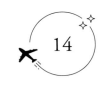

常に気にしていなくてもいいのです。打ち合わせのために会社を訪れるなど、どなたかにお会いするのであれば、お目にかかるまではシワができないように努力する。

例えば、雨の日ならばシワになってしまう素材の洋服を着るのは避ける、シャツがシワになってしまうなら肩にバッグをかけない、スカートに座った跡がついてしまうなら、移動のときは座るのを避け立っているなど。ほんの少し意識するだけで、天と地ほどにお会いしたときの見た目の印象は変わります。

いくら高価なハイブランドのお洋服を身につけていても、シワ（もちろんシミも）があっては「品格」を感じていただけるのとはほど遠くなってしまいます。

シワをつくらないために、できることをぜひ考えてみてください。

Gracense Mind

シワをつくらないように心がける

15

万が一のときに見られます

本章の最後にご紹介するのは、「絶対に人に見せないものにも気を遣う」ということです。

「ステイ先では誰にも見られないので気を抜く人が多い。しかし不慮の事故に遭ってしまったとき、身につけている下着で扱い方が変わることもあると言われています。見られて恥ずかしくない下着を常に身につけていなさい」

これもＪＡＬの教官から教わったことのひとつです。下着以外でも、人に見せないところまで意識を向けるように努めましょう。

Gracense Mind

見えないところこそ美しく

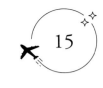

終章

「ありがとう」を超える

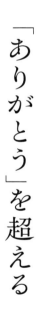

1

パートナーを大切にする

フライトを終え、お客さまから温かいお礼のお手紙やメールをダイレクトにいただけるのは、もしかしたらフォーカスの当たるCAの特権なのかもしれません。

しかし、CAが飛行機を飛ばせるわけもなく、上空通過許可を申請できるわけでもないですし、イミグレーションの手配もできません。

ひとつのフライトを成功させるために、一緒に働いているいろいろな会社の大勢のかたが携わってくださっています。

私はよく**「会社は違ってもひとつのチーム」**であるとお伝えしています。

その気持ちを、ぜひご自分から一緒に働いているかたたちに伝えていただきたいのです。

そのためにはどんなことができるでしょうか。

もちろん、まず「ありがとう」の気持ちをお伝えすること。ひとつのチームであるからには上下関係はありません。**「やってもらって当たり前」の気持ちを捨て去る**ことです。


アメリカ人のパイロットから学んだことがあります。

彼はよくFBOのかたを機内に招き入れ、機内を見せていました。といってもものの3分ほどです。最初は「どうしてそんなことをするのだろう」「準備や後片づけがしづらいわ」と感じたことさえあります（なんと自分本位だったのでしょう）。

しかし機内をお見せすることによって、普段私たちCrewがどのような環境でどのように働いているかを知っていただけることにつながり、理解が深まることを学びました。

また彼は初めて一緒に働くかたでも必ず名前を呼んで、機内を案内します。するとどうでしょう、「初めましてじゃなかったのかしら?」と思うほど打ち解けているのが見て取れるのです。

「大切に思っているよ。感謝の気持ちを持っているよ」という気持ちをまさに行動で示していると思いませんか？

ぜひあなたと一緒に働いているかた、あなたの仕事を陰で支えてくださっているかた＝パートナーを大切にしてください。

その姿勢は必ずあなたに返ってきます。

Gracense Journey

感謝は行動で示す

2

変わらぬ心を持ち続ける

後輩を指導してきて思うことがあります。

仕事や環境に慣れてくると、いつのまにか「お客さまのために」が、「私が私が」に変わり、「見てください。こんなにしていますよ」「気づいていますか」という気持ちが残念ながら出てきてしまう時期があること。

最初は必死に「どうしたらお客さまのためになるか」だけを考えて行動していたはずなのです。

どうして変わってしまうのでしょうか。

「私が私が」は「お客さまのためにと言いながら、自分がよいように動く」ことも含まれます。

プライベートジェットＣＡの世界だけではありません、レストランでスタッフのかたがお客さまをお席にご案内するときにも垣間見えることがあります。

例えば、空いているお席はたくさんあるのに、スタッフが行き来しやすい場所、一カ所にだけお客さまをご案内している、などもそうです。

いつまでも「お客さまのために」動ける人でいること。

どんなに時間が経っても初心を忘れずに。

Gracense Journey

「私が私が」を封印する

3

クレーム対応が本書にない理由

本書をここまでお読みいただき、「クレームに対応する方法」が書いてないと思われたかたもいらっしゃるかもしれませんね。

その理由は、もうあなたに必要ないからです。

あえて書いてないのは、ここまでお伝えしたことを120％実践することができれば、お客さまからクレームなどいただくことはないからです。

もしクレームに発展してしまうことがあったのなら、どこかのマインドが抜け落ちてしまっていたはずですので、ぜひもう一度読み返してみてください。

Gracense Journey

クレームに怯えない

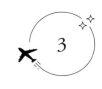

4

もうあなたにライバルはいない

お客さまを思い、観察し、気づき、そして「お客さまのために」行動に移す。

これは決してマニュアル化することができませんし、正解もありません。

あなたが本当にお客さまのためを思って起こした行動は正解なのです。

マニュアル化されない、できないからこそ、それぞれが持つ「おもてなしの技」は他のかたに真似されることは決してないのです。

あなたの「おもてなしの技」すべてをお伝えしたとしても、誰も「あなた」になれることは決してありませんので、安心してシェアしていきましょう。

Gracense Journey

よいと思ったことは積極的にシェアしていく

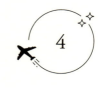

5

最高の私への旅

本書を通して、品格とは何か、教養とはどのようなものか、日々の小さな習慣がどれほど重要であるか、そしてまわりのかたとの関係を深めながら自己成長を続けることの大切さをお伝えしてきました。

しかし、これらの教えはあくまでも旅のガイドであり、目的地はあなたのなかにしかありません。

人生とはひとつの旅です。

そして、**この旅の最も大切な目的は「最高の私」へと向かうこと。**

誰もがそれぞれ異なるスタート地点を持ちながらも、自分自身の成長と気づきを通じて品格と教養を身につけることで、「最高の私」に近づいていきます。

このプロセスが、まさに「Gracense Journey」なのです。

「Gracense」（グレッセンス）という言葉は、私がつくった造語です。「Grace＝上品」と「Sense＝感性」をかけ合わせて、内面から滲みでる品格や自信を表わした言葉です。自分とまわりのかたにポジティブな影響を与える言葉だと思っています。7章各項目末では「Gracense Mind」、そして終章の各項目末では「Gracense Journey」というキーワードを入れました。

自分を磨き、よりよい自分を目指す旅は一瞬で終わるものではありません。むしろ、終わりのない旅です。

自分を見つめ直し、日々の行動や習慣を少しずつ変えていくことで、未来の「最高の私」へと続く道が開けていきます。内面を磨き、相手を大切に思う心を持ち続ければ、まわりの方々にあなたの変化が自然と伝わっていくことでしょう。

「最高の私」に到達する道は人それぞれ違います。

誰かと比較するのではなく、自分自身の歩みを大切にし、あなたにしかできない形で成長していくこと。それが「Gracense Journey」の本質です。

この旅の目的地は「最高の私」であり、あなたの品格と教養はその旅路のガイドです。

自分を磨き続けること、まわりのかたとのつながりを大切にすること、そして日々の習慣を続けていくことが、この旅の基本となります。どうか本書で得た知識を実践に移し、毎日のなかで新たな自分を見つけてください。

さあ、あなたの「Gracense Journey」は今からはじまります。

あなた自身の旅路を楽しみ、常に成長し続ける姿勢を忘れずに持ち続けることで、真の品格と教養を手に入れられるでしょう。

Gracense Journey

最高の私への旅を続ける

おわりに

あなたが今、この文章を読んでくださっているということは、「品格」とは、「教養」とは、そして「心を磨くおもてなし」とは何かを、本書を通して心に留めてくださったということですね。ありがとうございます。

最後までお読みくださった皆さまにだけ、一度だけの、私の浮気話をそっとお伝えしようと思います。

ＪＡＬで新人としてフライトをしていた頃、２００１年に公開された映画「ウエディング・プランナー」(原題：The Wedding Planner)などの影響もあり、「ウエディング・プランナー」という職業が知られるようになっていました。お客さまと接し、笑顔になっていただくのが大好きな私は、この職業にとても興味を持ち、なんと資格を取得するスクールの説明会に足を運んだのです。

そうなのです。浮気をしようとしたのです。決して、ＪＡＬのＣＡの仕事が嫌になったわけではありません。ウエディング・プランナーの仕事も楽しそうだな、素敵なお仕事だなと思っただけなのです。まさに浮気心です。

しかし、この説明会に参加して心からよかったと思っています。

「今の仕事を辞められますか？」

講師のかたが参加者全員にこう問いかけたとき、「辞められない。絶対に辞めたくない。ずっとＪＡＬのＣＡの仕事を続けたい」、そう強く思うことができたのです。思いがけず、自分の心と向き合うことができ、自分の「やりたいこと」を確認することができました。それからは、ご存じの通り、ＣＡの仕事を続けて28年の月日が流れています。

成功の秘訣は、続けることです。もし今、あなたが「何をやりたいかわからない」と感じているのであれば、ぜひ、「どんなことがあっても続けられるもの」を探してみてください。私自身、脇目もふらずＣＡの仕事を続けてきて本当によかったと、心から思えます。

今回、私が本書を出版できたのも、CAとしてのキャリアを積み続け、そしてSNSで発信し続けてきたからこそです。途中で辞めてしまっていたら、今あなたとこうして出会うことはなかったでしょう。

私を見つけ、出版のキッカケをつくり、さらには出版に関するアドバイスも惜しむことなく伝えてくださいました株式会社ライジングローズ代表取締役・向井邦雄さま、右も左もわからない私をやさしく導いてくださいました編集担当の津川雅代さま、カバー・本文をデザインしてくださったホリウチミホさま、本書を出版するにあたり携わってくださいました同文舘出版株式会社の皆さま、私と出会い関わってくださいましたすべての方々へ、感謝しております。本当にありがとうございます。

そして、最後にもうひとつだけ。

「私史上・最高の私」を更新し続けるために、意識していただきたいことがあります。

それは日々の生活のなかで、「自分との約束を守ること」です。
なぜなら「品格」の裏にあるものは「自信」だからです。

本書を書き上げましたのは２０２４年４月16日（火）でした。編集者の津川さまと執筆前の打ち合わせをした当時の私は、「３ヶ月で書き終える」ことを他の誰とでもなく、自分自身と約束しました。

もちろん、他に仕事もあるなかでの執筆作業でしたが、得意な逆算スケジューリングを行ない、無事に３ヶ月以内の74日間で書き上げ、自分との約束を守ることができ、「私史上・最高の私」の更新につながりました。

ビジネスでの締め切りやご友人との約束を、「ま、いいかな」と思い、破るかたはいらっしゃらないと思います。なぜなら約束を守らなければ、それだけで信用や信頼を失ってしまうからです。

これは、自分との約束も一緒です。「自分で決めたこと」つまり「自分との約束」を守ることをコツコツ積み重ねていくことが自信につながり、「私史上・最高の私」を更新していけることになります。ぜひ「自分との約束を守ること」を意識してみてください。あなたの自信に必ずつながります。

本書を読み終えていただいた今、「品格」と「教養」をまとい、「最高の私」を更新し続けているあなたに、どこかでお会いできますことを楽しみにしております。

2024年11月

山崎充子

著者略歴

山崎充子（やまざき みつこ）

グレッセンス株式会社　代表取締役／国際 Omotenashist® 協会　代表
1975年東京都生まれ。國學院大學法学部卒業後、1998年に日本航空株式会社に入社。主に国際線に８年間乗務した後、ファーストクラスをサービス中にスカウトされプライベートジェット業界へ。プライベートジェットCAとして19年、今も現役でVVIPへのおもてなしを通じて「品格」や「教養」を深めている。

独自の視点と経験をもとに、心を動かす「おもてなし」や「品格」の指導を行なうコンサルティングやセミナーなども開催。その経験から、世界に通用するOmotenashist®を育てることをミッションに掲げた国際Omotenashist®協会を設立。Omotenashist®とは「おもてなし＝Omotenashi」に「○○する人・主義＝-ist」をかけ合わせた造語であり、おもてなしのプロフェッショナルを指す。日本の「おもてなしの心」を世界基準にすべく活動中。

細やかな心配りを大切に、「日々の小さな積み重ねこそが品格と成長につながる」をモットーとし、人生に笑顔と品格を添える活動を続けるかたわら、フェロモン香水コンテスト2022（アクトインターナショナルスクール主催）準グランプリ受賞のアロマ調香師として、文具やジュエリーなどいろいろな業界とコラボレーションし、企業や個人に世界でひとつのオリジナルの香りを提供している。

2025年６月から、品格を“実践で身につける”ための講座「全方位品格美人塾」を開講。立居振る舞い・言葉の紡ぎ方・印象・心のあり方までを体系的に学び、どの角度から見ても信頼される「選ばれ続ける私」を育てる唯一無二のプログラムとなっている。

⇐こちらから下記へリンクします。
グレッセンス株式会社ホームページ・公式LINE・YouTube、
国際Omotenashist®協会ホームページ、山崎充子Instagram

プライベートジェットCAの品格と教養のまとい方

——心を磨くおもてなし Lesson——

2024年12月６日　初版発行
2025年６月13日　２刷発行

著　者 —— 山崎充子
発行者 —— 中島豊彦
発行所 —— 同文舘出版株式会社
東京都千代田区神田神保町 1-41　〒101-0051
電話　営業 03（3294）1801　編集 03（3294）1802
振替 00100-8-42935　https://www.dobunkan.co.jp/

ISBN978-4-495-54174-3
印刷／製本：萩原印刷
Printed in Japan 2024